chaldée

nick tosches

chaldée

suivi de
scratch

Traduit de l'anglais (États-Unis)
par Julia Dorner et David Boratav

vagabonde

Cet ouvrage a partiellement été réalisé à partir de l'édition originale
de *Chaldea* and *I Dig Girls* (Cuz Editions).

Signes divins, éros, voix disparues et spectres affleurent sans prévenir et dessinent les formes de ce recueil au titre incantatoire. Chaldée... *du nom donné à cette partie de la région de Sumer, puis à la Babylonie d'où Abraham était originaire. C'était avant que les Hébreux ne traversent l'Euphrate pour émigrer au pays de Chanaan, nom biblique de la terre promise.*

Qu'il ait appris le grec, le latin et l'italien médiéval, qu'il ait passé des heures exposé à la flamme de Dante, ne nous renseigne que trop peu sur l'auteur de ces vers farouches et limpides – des lettres écrites à ces heures secrètes où s'établit un lien avec les poètes, l'univers, et d'où naissent, parfois, les plus vives paroles.

Fils d'une île (l'Irlande) et d'une péninsule (l'Italie), Nick Tosches marie les traditions de la Grèce, de Rome et de la Sicile. Il va, sens et esprit réunis, puiser à diverses sources pour la composition de ses poèmes. Si une simple vision peut l'émouvoir, s'il reste attaché à la sensation physique, ses déambulations à travers les âges révèlent un esprit agile – une géographie intime reflétant son inclination pour tout ce qui brûle, tout ce qui glace.

De l'Évangile selon Thomas au Livre des morts égyptiens, *de la grande tribu des poètes unis (Hésiode, Horace, Ovide, Dante, Rimbaud, Marlowe, etc.) qui décrivent les guerres et inspirent les fêtes, il ramène sur sa portée les sonorités des temps homériques : de brefs éclairs de beauté qu'il se remémore et qui donnent la sensation que l'on peut rendre visible le passé, au présent, afin d'ouvrir de nouveaux horizons. Ezra Pound le faisait prévaloir :* «Toutes les époques sont contemporaines.»

En quel ciel loge l'auteur de Chaldée, *livre qui oscille entre l'espoir de faire revivre, par l'imagination, les rites archaïques de fertilité, et la conscience, lucide, que le monde qu'il s'efforce de ranimer est irrémédiablement perdu, qu'il ne se manifeste plus que par la trace et la ruine ? Dans cet espace situé à mi-chemin entre l'oralité et l'écrit, entre l'exaltation et l'élégie, l'immédiateté et la perte. La discipline de l'œil – non moins que l'écoute – y joue un rôle non négligeable.*

C'est de là que Nick Tosches tire son pouvoir de convoquer les anciens mythes, de ressusciter les dieux imaginables. Quitte à ce que le lecteur ne puisse plus distinguer, dans la répétition des motifs, ce qui vient du passé et ce qui n'en est pas issu, ce qui fut et ce qui est. L'auteur opère des détours par la traduction ou la citation, deux processus d'identification impliquant la virtuosité mimétique : imitation de la rime et du mètre pour les traductions, interprétation des voix pour les monologues/dialogues/soliloques.

De la félicité à la damnation se traduit ainsi le geste d'un écrivain dont les phrases exhalent un souffle tour à tour doux ou furieux, et qui n'ignore rien du cœur des hommes : à la colère succède l'apaisement ou la soumission, après quoi la sérénité revient, puis l'harmonie, qui finit par tout envahir. Dans l'entre-deux : le vertige.

For her
from her,
in her,
of her:
tenebrosa,
beata,
dew of light.

À l'hôpital {Nature/morte}

Un choc brutal
Trouver ta vie par épisodes sur un vase Mochica
et le frais carrelage blanc
salle des urgences, trois heures du matin.

In the Hospital {Still/Life}

A blunt shock
to find your life in episodes on a Mochican vase
and the cool white tile
emergency room, 3 AM.

Jeunesse

Pendant de nombreuses années, j'ai eu le sentiment que ma jeunesse avait été gâchée. J'ai passé mon adolescence à boire, prendre de la dope, voler et baiser à droite à gauche, alors que j'aurais pu apprendre à lire couramment Sappho et Thomas Mann dans le texte. Or, bien que j'aie toujours le sentiment qu'il serait merveilleux de lire couramment Sappho et Thomas Mann dans le texte, je n'ai plus l'impression d'avoir gâché ma jeunesse. Parce qu'avec l'âge vient la sagesse : au bout du compte, tout retourne à la poussière. La traduction de Sappho par Mary Barnard, avec les quelques notions de grec que je possède, *Le Mirage* de Mann traduit par William Trask : cela suffit à quelqu'un, comme moi, qu'on donnait pour mort il y a longtemps déjà. Ma jeunesse, comme je vois à présent les choses, a été ce qu'elle devait être. Je suis vivant, et alors que j'écris ces lignes, l'aube radieuse de cette infinie bénédiction qu'est un nouveau jour, un nouveau souffle, m'envahit. À présent, je veux apprendre le tango, pour pouvoir danser avec grâce sur les tombes de mes pairs, qui tombent comme des mouches autour de moi, après des jeunesses, et des vies, tout ce qu'il y a de plus convenables et saines. *Mens sana in corpore sano*, qu'ils disent. Mais un esprit sain dans un corps sain n'est rien d'autre qu'une simple et jolie fleur dans un simple et joli vase. Le monde est plein de ces phrases toutes faites. Mon cul, et prépare tes chaussures pour danser car, ayant survécu à ma jeunesse et à tout ce qui a suivi, j'apprécie à présent la folie plus douce des rives sur lesquelles j'ai été déposé, et j'attends avec impatience ce tango dans le cimetière, avec toi, ma douce, ou sur toi.

Ce que le Copte disait

Louis se rappela ce que le Copte disait :
Si tu exprimes ce qui est en toi,
ce que tu exprimes te sauvera.
Si tu n'exprimes pas ce qui est en toi,
ce que tu n'exprimes pas te détruira.[1]

What the Coptic Guy Said

Louie remembered what the Coptic guy said:
If you bring forth what is within you,
what you bring forth will save you.
If you do not bring forth what is within you,
what you do not bring forth will destroy you.

Rimbaud en Afrique

« The true masters are those who relinquish their vocation. Tolstoy would have had his rank in the Paradiso. Would Rimbaud? »

George Steiner

The last of the lines broken into verse
had come on October 14, 1875,
six days before his twenty-first birthday.
Then he had walked.
He had tried to free the beast from Verlaine,
and he had failed.
Better to live among the beasts,
far from metaphor and men who spoke it.
« La morale est la faiblesse de la cervelle. »
And what could be said of morals could be said
of words.
Better coffee and guns than words.
All great poetry leads to silence.
The poem is nothing,
nothing is the poem.

Rimbaud en Afrique

*« Les vrais maîtres sont ceux qui abandonnent leur
vocation. Tolstoï aurait eu sa place au Paradiso. Et
Rimbaud ? »*

George Steiner

Le dernier des poèmes en vers
avait été achevé le 14 octobre 1875,
six jours avant son vingt et unième anniversaire.
Puis il était parti.
Il avait tenté de délivrer la bête de Verlaine,
et avait échoué.
Il vaut mieux vivre parmi les bêtes,
loin de la métaphore et des hommes qui en usent.
« La morale est la faiblesse de la cervelle. »
Et ce que l'on pouvait dire de la morale on pouvait
le dire des mots.
Il vaut mieux du café et des armes que des mots.
Toute grande poésie mène au silence.
Le poème n'est rien,
rien est le poème.

The Lectern at Helicarnassus

The book on the heavy keel-wood lay open to its
mid-most pages.
There, amid words of fury, in the three colors of
the sacred
and the two of darkness, was the image of that
which devours all.
Yet it was the keel-wood that commanded gaze
and soul.
Born of windswept seed and hewn from godly
tree,
set forth beyond knowing on waves of undreamt
sea,
returned as wreckage, reft, untelling, it made
seers of them all.

Le lutrin à Hélicarnasse

Le livre sur le lourd bois de carène était grand
ouvert sur ses pages centrales.
Là, au milieu des mots de fureur, dans les trois
couleurs du sacré
et les deux des ténèbres, était l'image de ce qui
dévore tout.
Pourtant c'était le bois de carène qui commandait
le regard et l'âme.
Né d'une semence battue des vents et taillé dans
un arbre pieux,
parti loin du savoir sur les vagues d'une mer
inouïe,
à son retour épave, ravagé, sans énergie, il a fait
d'eux tous des voyants.

The Moist and the Dry

GENTS, Attenzione!
What would you rather do with your tongue?
Would you rather lick a woman's flesh
  or talk to her?
Or are you one of those,
  further doomed,
  lost and undone,
torn between the two;
  one who would do both,
  or would rather the one,
  whichever,
  but settles, or would settle,
  for the other?
Tell me: which are you?
  Psychiatry,
  psychology,
  therapy,
  psychopharmacology—
You don't need them; just come to me,
  and tell me:
  which are you?
And I'll tell you
  all about yourself,
  parse your soul,

L'humide et le sec

Messieurs, Attenzione !
Que préfères-tu faire de ta langue ?
Lécher la chair d'une femme
    ou lui parler ?
Ou es-tu de ceux qui,
    plus au rebut encore,
    perdus et défaits,
sont tiraillés entre les deux,
    quelqu'un qui voudrait faire les deux,
    ou qui aurait une option,
    quelle qu'elle soit,
    mais se décide, ou se déciderait
    pour l'autre ?
Dis-moi : lequel es-tu ?
    La psychiatrie,
    la psychologie,
    la thérapie,
    la psychopharmacologie —
Tu n'en as pas besoin ; viens seulement,
    et dis-moi :
    lequel es-tu ?
Et je te dirai
    tout sur toi-même,
    sonderai ton âme,

cauterize the hole,
set you right,
set you free.
And the best part is, I charge only
fifty bucks a pop;
seventy-five for the bald
or broken of heart.
So tell me—cash on the barrelhead, pal—
which are you?

cautériserai le trou,
te remettrai sur pied,
te rendrai libre.
Et le meilleur, c'est que mon prix ne s'élève
qu'à cinquante dollars le coup ;
soixante-quinze pour les chauves
ou les cœurs brisés.
Alors dis-moi — franco, l'ami —
lequel es-tu ?

My Kind of Loving

What is it with you people who don't understand
the senseless slaughter of animals?
What is it with you people
who don't want to wear fur?
I want to fuck you in fur.
Kill me a Kennedy;
that's my idea of foreplay.
Bring me his fucking pig-faced mick head
on a silver platter—
No, better yet: Aynsley makes these plates,
22-karat gold and blue Cobalt—
Fuck the silver; bring me his head on one of those.
Wear your diamond-seamed stockings,
special shoes from Brazil.
I'll see you there.
I'll see you there.

Ma manière d'aimer

Qu'est-ce que vous avez tous à ne pas comprendre
la tuerie insensée des animaux ?
Qu'est-ce que vous avez tous
à ne pas vouloir porter de fourrure ?
Je veux te baiser en fourrure.
Tue-moi un Kennedy ;
c'est ça, mon idée des préliminaires.
Apporte-moi sa putain de tête de cochon d'Irlandais
sur un plateau d'argent —
Non, j'ai mieux : ces assiettes que fabrique Aynsley,
de l'or à 22 carats et du Cobalt bleu —
Au diable l'argent ; apporte-moi sa tête
sur l'une d'elles.
Mets tes bas brodés de diamants,
tes chaussures de fête du Brésil.
Je t'y vois.
Je t'y vois.

I, with a Knife to the Throat of Cybele

I, with a knife to the throat of Cybele,
lie beneath the sky of spring,
awaiting night and the sapphire light of stars
whose birth was hers, my mother's, own.
Her eyes are unafraid,
as I feared they would be;
and the tide of her breath,
which was once my own,
within the April of her breast
and the April of her breast
and the April of her neck,
governs more than does my hand
the stillness of the blade;
and her blood is my blood, and the blade
is the blade of that which is
between us, alone, and in the end governed
neither by hand nor by breath
but only by what the sapphire light
of this her evening has ordained.

Moi, un couteau pointé vers la gorge de Cybèle

Moi, un couteau pointé vers la gorge de Cybèle,
je repose sous le ciel de printemps,
attendant la nuit et la lueur saphir des étoiles
dont la naissance fut la sienne, à ma mère, à elle.
Ses yeux sont sans effroi,
comme je craignais qu'ils le soient ;
et le flux et reflux de son souffle,
qui fut un jour le mien,
dans l'Avril de son sein
et l'Avril de son sein
et l'Avril de son cou,
maîtrise plus que ne fait ma main
l'immobilité de la lame ;
et son sang est mon sang, et la lame
est la lame de ce qui est
entre nous, seul, et à la fin n'est maîtrisé
ni par la main ni par le souffle
mais seulement par ce que la lueur saphir
de ce soir, son soir, a ordonné.

Ptolemy II

Behold me,
    Ptolemy,
who once was capable of love
    but now am not.

Know that on the eve of the celebration of your
birth,
    when I slew and severed into many
    our son,
I did unto him else besides,
    and blest him too;
and the gods smiled down, as they do now,
upon me,
    Ptolemy,
who once did love,
    but now do not.

Ptolémée II

Regarde-moi,
        Ptolémée,
moi qui jadis ai été capable d'amour
        mais ne le suis plus.

Sache que la veille de la célébration de ta
naissance,
        quand j'ai tué et mis en pièces
        notre fils,
je lui ai fait aussi autre chose,
        je l'ai également béni ;
et les dieux ont daigné, comme ils font maintenant,
me sourire,
        Ptolémée,
à moi qui ai un jour aimé,
        mais n'aime plus.

L'Uccisore e la Farfalla

Looking down that day,
the two old brothers who lived in the mountain
woods
saw it,
and they told of it,
as did the woman,
gathering rosemary
from the scrub:

how Don Dario Cella,
temibilissimo e temutissimo,
killer of men and
killer of beasts,

walking the familiar narrow winding pass
beyond and high above Faraglione
in the late calm afternoon
was startled,
frightened,
by a butterfly
fluttering
softly,

L'Uccisore e la Farfalla [2]

Baissant les yeux ce jour-là,
les deux vieux frères qui vivaient dans les montagnes
boisées
le virent,
et racontèrent,
tout comme la femme,
qui ramassait du romarin
dans les broussailles :

comment Don Dario Cella,
temibilissimo e temutissimo [3],
tueur d'hommes et
tueur d'animaux,

marchant sur le chemin étroit sinueux familier
sur les hauteurs au-delà de Faraglione
par une fin d'après-midi tranquille,
fut surpris,
effrayé,
par un papillon
qui voletait
doucement,

near his eye
and thus lost his ground,
and from the craggy pass
fell,
screaming,
to his death
down the cliff to the black sea rocks below.

près de son œil
et ainsi perdit pied,
et du chemin escarpé
tomba,
en hurlant,
vers sa mort
de la falaise sur les rochers de la mer sombre en bas.

Faraglione 16/9/96

D'où nous nous trouvons,
seuls sur les galets de cette rive,
il est aisé de voir à quel point le cercle parfait
du soleil déclinant
était un dieu pour ceux qui occupaient ces grottes,
aisé de voir, d'où nous nous trouvons,
que si les théologies meurent,
les vrais dieux ne meurent pas.

Faraglione 9/16/96

From where we lie,
alone on the stones of this shore,
it is easy to see how the perfect circle
of the sun descending
was a god to those who dwelled in the caves around us,
easy to see from where we lie
that while theologies die,
true gods do not.

Que les dieux sans nom me rachètent

J'adresse ma prière à un souvenir
Je m'agenouille devant une stèle patinée par le temps
J'invoque les étoiles d'une bénédiction ancienne
Je prononce les noms de fantômes
Je porte en moi l'âme de la rédemptrice
Je connais le chemin qui mène vers la mer
J'ouvre des tombes
Je cherche l'air
Je sais les couleurs du souffle

May the Gods without Names Redeem Me

I pray to a memory
I kneel before a weathered stele
I invoke the stars of an ancient blessing
I utter the names of phantoms
I carry within me the soul of the savioress
I know the way to the sea
I open tombs
I seek the air
I know the colors of breath

Invocation

Let's see a show of hands.
I want to know. Who among us—
man, woman, or beast—
jerks off standing up.
I want to know: who's strong, who's tough.
I want to go back to Homeric days.

Let's see a show of hands.
I want to know. Who among us—
man, woman, or beast—
lives by a code.
Be it of good or evil, it matters not.
But I want to know: who's strong, who's tough.
I want to go back to Homeric days.

Invocation

Votons à main levée.
Je veux savoir. Qui parmi nous —
homme, femme, ou bête —
éjacule debout.
Je veux savoir : qui est fort, endurci.
Je veux revenir aux temps homériques.

Votons à main levée.
Je veux savoir. Qui parmi nous —
homme, femme ou bête —
vit selon des principes.
Bons ou mauvais, peu importe.
Mais je veux savoir : qui est fort, endurci.
Je veux revenir aux temps homériques.

Dante in Ravenna

From where he stood, he could see it:
the ocean's edge:
the slate-colored sea and the breaking wintry froth
that was the color of the moon.

She had dreamt it all—the glimpse
in the narrow street, the parting, and the star that
three times shone; but she had not dreamt this.
Always she had said the souls of the dead were drawn
away by tides; and so he had come here to wait.

Day came in the east, and the slate-colored water went
golden with swallowed starlight from beneath; and he
stood there, meeting the sun of his fortieth year.
And in that breath that bore no power and drew no
light,
in that dead Lenten moment, that susurrus,
that copse of ended evening
        at the edge of the woods of raging sadness,
        the edge of the woods of raving madness,
it came and seized the source of breath itself, and all
within,

Dante à Ravenne

D'où il se tenait, il pouvait le voir :
le bord de l'océan :
la mer couleur d'ardoise et l'écume hivernale qui s'y brisait
couleur de lune.

Elle avait tout rêvé — le coup d'œil
dans la rue étroite, la séparation, et l'étoile qui
brillait trois fois ; mais elle n'avait pas rêvé cela.
Elle avait toujours dit les âmes des défunts
sont emportées par les marées ; et elle était venue ici
pour attendre.

Le jour pointa à l'est et l'eau d'ardoise tourna à l'or,
gorgée des lumières stellaires d'en bas ; et il
se tenait là, face au soleil de ses quarante ans.
Et dans ce souffle qui n'avait nul pouvoir et ne traçait
nulle lumière,
dans ce temps suspendu de carême, ce murmure,
ce sous-bois de fin de soirée
         à la lisière des bois de l'atroce tristesse,
         la lisière des bois de la folie furieuse,
cela survint et s'empara du souffle à sa source même,
et de tout en lui,

deliverer, redeemer, inspirer,
demoness of eleven names and more;
divider of destinies and days;
beloved.

la salvatrice, rédemptrice, inspiratrice,
la démone aux onze noms et plus,
la séparatrice des destins et des jours,
la bien-aimée.

Contrapasso

Without breeze
and having forsaken all wisdom
and knowing no poem
or human soul
can save me,
I lay myself down
and await whatever god
bears mercy and power in measure.

Eternal stranger, bear me.
Eternal stranger, rise.
Eternal stranger, bear me.
Eternal stranger, rise.
I give you myself to you
who gather the pieces of me.

Contrapasso

Sans une brise,
et ayant renoncé à toute sagesse
et sachant qu'aucun poème
ni aucune âme humaine
ne peut me sauver,
je me couche
et attends n'importe quel dieu
qui soit assez indulgent et puissant.

Étranger éternel, soutiens-moi.
Étranger éternel, lève-toi.
Étranger éternel, soutiens-moi.
Étranger éternel, lève-toi.
Je me donne à toi
qui rassembles mes morceaux.

Prière à contre-cœur du Malin
au démon de la prairie

Mort à ceux qui se soucient de moi,
et à ceux qui ne s'en soucient pas.
Qu'ils crèvent, ceux qui prennent part à ces querelles,
que se répande le souffle de Dieu.

Unwilled Prayer of Evil
to the Demon of the Meadow

Let those who care for me,
and those who do not, die.
Let perish those who share these breezes,
that the breath of God be free.

Une cigarette avec Dieu

Les grandes fenêtres de la terrasse sont ouvertes
— verre et lourd fer forgé —,
et les délicats voilages blancs caressent les battants
qui riment
        avec le va-et-vient de la douce brise fraîche.

De là où je suis couché, de mon côté, au lit, dans la
grande pièce voûtée,
        à regarder dehors,
les ombres des grands dômes et clochers
        au milieu des ombres des nuages de minuit qui
mollement, lentement frémissent,
semblent une suite pour violoncelles silencieux dont les
mouvements
        sont eux-mêmes ombre et obscurité,
ainsi que toute la fertile mélancolie qui les habite.

Mon rectum ne me fait pas mal, contrairement à ce que
j'avais toujours imaginé.

À la place je sens une agréable chaleur,
        si étrange, si neuve ;
        et pour tout dire, si pure.

Une étoile apparaît parmi les ombres des nuages dans
le noir de la nuit.

Chaque étoile une âme, disait Platon ;
      chaque étoile une âme.

J'allume une cigarette, incapable de croire à ce qui s'est
passé,
      mais en le sachant bien.

Je souffle la fumée vers la nuit,
      l'infini,
      l'éternité qui s'étend au-delà des portes-fenêtres,
      subjugué par l'étoile lointaine et solitaire,
      me demandant de qui elle est l'âme.

— Je peux en avoir une ?
Il paraît légèrement amusé que je fume alternativement,
un peu au hasard,
      deux paquets différents,
      Rothman Bleu et Camel normal.

— Je demande : Filtre ou sans filtre ?
— Sans filtre, dit-il.
Je me tourne pour Lui donner une cigarette.
Il la place entre Ses lèvres,
      attend la flamme de mon briquet jetable.
— Je peux te poser une question ? dis-je.
Il ferme les yeux dans l'obscurité
      et Sa poitrine semble secouée

par une sorte de rire las et désespéré.

— Ça ne rate jamais, dit-Il.
    Sept mille putains d'années
    que j'essaie de fumer une cigarette en paix,
    et ça ne rate jamais.
    Quelque chose, quelqu'un : sept mille putains
    d'années
    et ça ne rate jamais.

— Sept mille putains d'années ?
    Ils n'avaient pas de putains de cigarettes
    il y a sept mille putains d'années.
— Ouais, juste, dit-Il. *Eux* n'avaient pas de putains de
cigarettes
    il y a sept mille putains d'années.
    Je veux dire, regarde, j'ai tout déposé ici pour
    que ça pousse des entrailles de la terre.
    De l'ail au safran,
    du pavot au tabac :
    j'ai tout déposé.
    Et faut que je te dise, mon pote,
    t'as pas mal de tire-au-flanc dans ton équipe.

Il tira une longue bouffée,
    et dans cette taffe il semblait y avoir
    plus de satisfaction
    que la somme de tous les rêves.

Il fit tomber la longue cendre de sa longue bouffée dans

le cendrier sur la table de nuit de Son côté du lit.

— Alors c'est quoi la question ?

— O.K. Il y a eu Adam et il y a eu Ève, pas vrai ?

Il soupira. Ouais, d'accord, métaphysiquement parlant :
il y a eu Adam,
     puis il y a eu Ève.

— Laissons tomber ce "métaphysiquement parlant".
Parlons franchement.

— Oh, me lance pas sur ces foutaises de code
génétique. Comme je disais,
     dix mille ans pour percer le mystère d'un plant de
     tabac, puis, dix minutes plus tard, ces mêmes
     putains de neu-neu croient avoir compris l'origine
     de la vie *et* du putain d'univers d'un seul coup.
     Alors, ouais, O.K., il y a eu Adam, puis il y a eu Ève.

— Ensuite tu t'es fâché. Ils ont voulu goûter à la
sagesse,
     et tu t'es fâché.

— Goûter à la sagesse ? Tu veux rire.
     Est-ce qu'on a déjà vu quelqu'un devenir sage
     en mangeant une putain de pomme ?

— Alors pourquoi tu t'es fâché ?

Il me lança un regard, qui semblait dire :
fais gaffe, mon pote. Mon amour et mon courroux
sont à jamais liés.

Puis Il parla posément :
— Pourquoi je me suis fâché ? C'est mes oignons.

— Mais pourquoi ta colère fut-elle éternelle ? Pourquoi
avoir condamné à mourir
tous ceux qui ont vécu depuis ?

— Eh bien, dit-Il toujours avec douceur,
Je vais t'accorder une grande faveur en ne répondant
pas à cela.
Car ni ton âme — ni aucune autre — ne résisterait
au choc de la vérité de cette réponse.
Puis, presque sur le ton du réconfort, Il parla encore :
— Et puis, voyons les choses sous cet angle :
Où est-ce qu'on vous mettrait tous si vous viviez
sans fin ?
Vous n'auriez pas la place de respirer.
Je veux dire, ta petite équipe ne peut pas croire
sérieusement qu'elle va quitter cette taule ;
elle ne peut pas croire sérieusement qu'elle va
— c'est quoi la phrase qui est si chère à vos petits
cœurs ? —
coloniser l'univers ?

Mon rectum commence à me démanger maintenant,
ça commence à me brûler.

— Fais-moi goûter une de ces Rothstein.

Je Lui en tends une, la Lui allume.

— Le Tout-Puissant, je m'entends marmonner.

Le Créateur du ciel et de la terre.

Il n'est même pas foutu d'avoir ses propres clopes. Il taxe.

— Je n'en ai jamais, dit-Il simplement.

— Juste une dernière question.

Il retire la cigarette de Sa bouche, la regarde,

     et rit comme tout à l'heure,

        mais avec une intonation sourde, décourageante.

— Envoie, dit-Il,

     et il y a à la fois dans Sa voix

     un amour qui est suprême,

     une indulgence qui est suprême,

     et le souffle d'une chose immense et inconnaissable

     qui est la plus suprême de toutes.

— Tu es le Dieu de la vengeance.

Il répond d'un lent hochement de tête pensif

     qui semble moins une réponse à mes mots qu'une

     plongée de plus en plus profonde dans cette chose

     inconnaissable qui est la plus suprême de toutes :

     cette chose inconnaissable qui émane de Lui,

     qui est Lui, même quand Il entre en elle.

— Mais alors, dis-je, pourquoi le Dieu Tout-Puissant de
la vengeance
      enverrait-il sur terre comme Incarnation de son Fils
      unique un Seigneur de miséricorde et d'amour ?
      Je veux dire : « Je vous donne un nouveau
      commandement : Aimez-vous les uns les autres » ?

À ces mots, le rire dans Son ventre et le souffle entre
Ses lèvres
      tiennent d'une longue résignation à la patience ;
      et il agite Sa main devant Lui, lentement et avec
      lassitude, mouvement qui pourrait être,
      ou que l'on pourrait prendre par erreur pour
      un geste de noble dégoût.

Il soupire de nouveau,
      et secoue lentement la tête,
      et Sa main achève un arc de cercle fatigué.

Puis, avec une nuance moqueuse
      dans Sa voix forte comme l'océan
      et tendre comme la rosée de la première aube
      du monde :

— Des gosses. Des gosses.

From the Dream-book of Artemidorus

I walked with the coward Christ into the desert
beyond defiance.
He spoke of the properties of certain stones,
not as one expounding might, but as one
summoning,

    uneasily, unsurely

    what once had been held clear in mind

    and close to heart, but long had been let go.
Green basalt, lapis, syenite:
these are the stones whose natures

    can be made to govern

    the winds that deliver

    one to good and one to bad,

    one to darkness, one to light.
Red jasper, haematite,

    the daimon-stones: therein seek

    the dividers of destinies in their wrath.
Carnelian, schist: as breeze to soul,

    one to the other.
And on, until his words were done.
I turned away and took him.

Tiré du livre des songes d'Artémidore [4]

Je pénétrai dans le désert avec ce trouillard de
Christ sans le moindre défi.
Il parla des propriétés de certaines pierres,
non pas comme quelqu'un qui exposerait mais qui
convoquerait,
    difficilement, sans certitude,
    ce qui avait été jadis clair pour l'esprit
    et près du cœur, mais s'était
    depuis longtemps perdu.
Basalte vert, lapis, syénite :
ce sont les pierres dont les pouvoirs
    servent à gouverner
    les vents qui vouent
    l'un au bien et l'autre au mal,
    l'un à l'obscurité, l'autre à la lumière.
Jaspe rouge, hématite,
    les pierres du diable : en cela elles cherchent
    ceux qui dans leur colère mettent en pièces
    les destinées.
Cornaline, schiste : comme la brise à l'âme,
    l'une à l'autre.
Et ainsi de suite, jusqu'à ce qu'il n'ait plus de mots.
Je me détournai et l'entraînai.

Imperium

In what beast's eye or auguring sky
does its—mortality's—direst wrath, reflected, lie?
(Augustus, near dark, asked the seer-boy)
In the eye, clove-brown, of Caesar, for,
having grasped for wife the world, for chattel
all its plenty, he forfeits more to death's
manumission than any other man, or beast,
or fish, or fowl, or crawling thing.
And in the sky, golden-rose, that precedes
dusk in the first harvest-days, for, showing
us paradise, it leads us only to the season
of the dead, and leaves us aching for what,
for us, beneath the gods, can never be.
(the boy said)
No—
(Augustus said)
—but in the eye of the marsh-bird, the crane,
and in the sky of any hour of the nones
of April, which was never anything but bad.
These are facts, not conceits. Look at them and know
that truth is farther than wonder, but before us
always.

Imperium

Dans quel œil de bête ou ciel augural
sa plus sombre colère — celle de la condition mortelle
— gît-elle, reflétée ?
(demanda Auguste, presque triste, au petit prophète)
Dans l'œil, brun girofle, de César, puisque,
après avoir pris le monde pour femme, pour bien meuble
tout ce qu'il pouvait, il paie plus pour s'affranchir
de la mort que tout autre homme, ou bête,
tout ce qui nage, vole, ou rampe.
Et dans le ciel, rose et or, qui précède le crépuscule aux
premiers jours des moissons, car, nous montrant
le paradis, il nous mène juste à la saison
des morts, et nous laisse mourir d'envie pour ce qui,
pour nous, sous le regard des dieux, ne saurait être.
(dit le garçon)
Non —
(dit Auguste)
— mais dans l'œil de l'oiseau des marais, la grue,
et à toute heure dans le ciel des nones
d'Avril, qui n'a jamais rien auguré de bon.
Ce sont des faits, non des vues de l'esprit. Sois réaliste
et sache que la vérité est plus loin que le prodige,
mais devant nous
toujours.

Hymn to Paean, Physician of the Gods

This is the season of the nine sorrows,
when the gods turn away from souls
and leave them for the beaks of the scavengers,
Erebos-birds, and worse.

In this season, all remembrance turns to dust,
a resonance, a dying chord, occult and unspeakable,
in the immense empty chill of a tideless hour.

In this season, sorrow caverns me like an illness;
in this season, only prayer can heal, and I wait,
incanting, biding, over the corpse of magic.

In this season, I as always refuse to die,
for I am born to eat the flesh of scavengers,
am born to watch over the corpse, to protect it
from the desecration of medicine and thought,
till it doth rise, like a glory, within me,
and the nine sorrows return to the earth,
freeing my kind to receive the season of manumission,
to lie on our backs beneath Dyaus Pitar
and the soaring things that drink and sing its gold.

Hymne à Péon, médecin des dieux

Voici la saison des neuf douleurs,
où les dieux se détournent des âmes
et les livrent aux becs des charognards,
oiseaux de l'Érèbe, et pire encore.

En cette saison, tout souvenir retourne à la poussière,
une résonance, un accord finissant, occulte et indicible,
dans le froid immense et vide d'une heure immobile.

En cette saison, la douleur me séquestre
comme une maladie ;
en cette saison, seule la prière peut guérir, et j'attends,
psalmodiant, enchérissant sur le cadavre de la magie.

En cette saison, comme toujours je refuse de mourir,
car je suis né pour dévorer la chair des charognards,
né pour veiller sur le cadavre, le protéger
de la profanation de la médecine et de la pensée,
jusqu'à ce qu'il se dresse, telle une gloire, en moi,
et que les neuf douleurs retournent à la terre,
libérant mon espèce pour accueillir la saison de
l'affranchissement,
nous coucher sur le dos sous le regard de Dyaus Pita
et de tout ce qui s'élève, qui boit et chante son or.

In that season shall strength return
with its old caress and purse of moments,
its hungers and its light.

En cette saison, la force reviendra,
sa caresse passée et sa poignée d'instants,
ses faims et sa lumière.

Erebos

Like a poisoning of the gills,
a disease of breath and soul,
it seizes.
Nothing: an impression, a fluttering,
    a susurrus at first;
then slow devouring,
    emptiness made all,
and in the gaping
    dead
    of its ascendance,
    yellow mist,
all that has been conquered rises,
and all that has been won is lost,
and the power is gone
and the might is gone
and the right is gone
and the dream is gone
and the chambered shell is broken
and the breeze dies
and the scent of the spirit
    is the scent of carrion
and the rhythm and meter,
    sweet god's fairest rhyme,
    the wave and tide of self,

Érèbe

Comme un empoisonnement des ouies,
une maladie du souffle et de l'âme,
il saisit.
Le rien : une impression, un flottement,
 un susurrement d'abord ;
qui ensuite lentement dévore,
 le vide qui devient tout,
et dans la béance
  absolue
  de son ascendance,
  brume jaune,
tout ce qui a été conquis se relève
et tout ce qui a été gagné se perd,
et le pouvoir n'est plus
et la force n'est plus
et le droit n'est plus
et le rêve n'est plus
et la coquille est brisée
et la brise meurt
et la senteur de l'esprit
  est senteur de charogne
et le rythme et le mètre,
  du dieu de douceur la rime la plus belle,
  l'afflux et le reflux du moi,

go down,
ad nihilum.

To dwell, to grope in Erebos;
to be drained of marrow,
bereft;
to lose
the color and earthly pulse,
the form of that sacred thing,
mysterium tremendum,
that was the beast of life itself,
to go from sinew and strength,
to burrowing translucence,
to know shame and know fear,
to have the sea turn to sorrow, or
worse, to shadow
is to grasp the truth:
that to betray one's nature
is to be betrayed in turn.

retombent,
ad nihilum.

Résider, tâtonner en Erèbe ;
être vidé de sa substance,
démuni ;
perdre
la couleur et le pouls de la terre,
la forme de cette chose sacrée,
mysterium tremendum,
qui était ce monstre de vie,
passer de la vigueur et de la force
à la transparence éthérée,
connaître la honte et connaître la peur,
faire de la mer un désespoir, ou
pire, une ombre,
c'est saisir la vérité :
que trahir sa nature
c'est être trahi en retour.

Erinys

And thus when Demeter in Arcadia,
as Erinys, the Angry One, avenger and fury,
having taken the form of a mare, was mounted
in violence by the stallion Poseidon,
bearing then Arion the damned
and the daughter, she of secret name,
it was because of her flanks
and her withers.

Clunis sancta.
Femur sacrum.
Sura beata.

And the haunches of the goddess are thine—
femora diducere—
and the flanks of the goddess are thine.

Érinys

Ainsi, quand Déméter en Arcadie,
telle l'Érinys, la Coléreuse, vengeresse et furie,
sous la forme d'une jument fut chevauchée
de force par l'étalon Poséidon,
portant ensuite Arion le damné
et la fille, elle au nom secret,
ce fut à cause de ses flancs
et de son garrot.

Clunis sancta.
Femur sacrum.
Sura beata. [5]

Et les hanches de la déesse sont tiennes —
femora diducere [6] —
et les flancs de la déesse sont tiennes.

If I Were Robert Stack

If I were Robert Stack,
there would be no unsolved mysteries.
If I were Robert Stack,
I would walk in godly pride:
would have pride of hair,
would wear make-up and be damned
proud of it.
If I were Robert Stack,
I would know the score, and the score,
it would know me,
and I would sleep without dreams
and my hands
would tremble and my eyes
would close when
the well within me emptied
of all but
the terror of desire,
and I would get free suits,
double-breasted one day,
single-breasted the next.

I, as Robert Stack, Knew My History

I, as Robert Stack, knew my history,

Si j'étais Robert Stack [7]

Si j'étais Robert Stack,
il n'y aurait pas de mystères inexpliqués [8].
Si j'étais Robert Stack,
ma démarche serait d'une fierté divine :
j'aurais une sacrée tignasse,
je me maquillerais et j'en serais sacrément
fier.
Si j'étais Robert Stack,
je connaîtrais la chanson, et la chanson,
elle me connaîtrait,
et je dormirais sans rêver
et mes mains
trembleraient, et mes yeux
se fermeraient lorsque
le puits en moi se viderait
de tout sauf de
la terreur du désir,
et j'aurais des complets gratis,
croisés un jour,
et droits le lendemain.

Moi, alias Robert Stack, je connaissais mon sujet

Moi, alias Robert Stack, je connaissais mon sujet,

knew that Nitti died with bottle in hand
down by the tracks—no white suit,
no murphy from no window, as in that
half-fruit playwright's dream.
I, as Robert Stack, through Desilu,
brought to you the truth,
in spirit and in substance.
I, as Robert Stack, knew my Milton,
brought pitch on many a night to
the spine of dualism as you knew it.
I, as Robert Stack, dressed well,
did not overact and knelt before God.

When I, as Robert Stack, Go in for the Operation

When I, as Robert Stack,
go in for the operation, I will know
the scent of alcohol on cotton, which
I have known before; but will know
the scent as well of my true soul,
of that mystery unsolved, indwelling,
beneath my hide.
And I will dress conservatively,
hem to patella and no whorish
neckline, and, as ever, will stand tall;
and the breasts beneath my Burberry
will know pride, and, though in my autumn,
desire shall be mine to be fulfilled.
And I, as Robert Stack, will know
not only the feel of nylon

savais que Nitti [9] était mort une bouteille à la main
le long de la voie ferrée — pas de costume blanc,
pas de lit escamotable d'aucune fenêtre, comme dans
le rêve de ce pseudo-dramaturge.
Moi, alias Robert Stack, et via Desilu [10],
je vous ai révélé la vérité,
fond et forme.
Moi, alias Robert Stack, je connaissais mon Milton,
ai plus d'une nuit lancé la question
épineuse du dualisme qui vous était familière.
Moi, alias Robert Stack, bien fringué,
je n'en faisais pas trop et pliais le genou devant Dieu.

Lorsque moi, dans la peau de Robert Stack, entrerai en salle d'opération

Lorsque moi, dans la peau de Robert Stack,
entrerai en salle d'opération, je connaîtrai
l'odeur d'alcool sur le coton, que j'ai déjà connue ; mais
connaîtrai aussi le parfum de mon âme véridique,
de ce mystère inexpliqué, logé
sous ma peau.
Et je m'habillerai classique,
ourlet au genou, et pas de décolleté
putassier, et, comme toujours, irai la tête haute ;
et ma poitrine sous mon Burberry
sera arrogante, et bien qu'étant à l'automne de ma vie,
c'est mon désir qu'il faudra satisfaire.
Moi, dans la peau de Robert Stack, je connaîtrai
non seulement la sensation du nylon

upon the varicosity of truth
but will know as well the pulse
of moon, of tide within the vessel of my
kind, and the armor of my sternness
will know softness, and I will smile
to behold the print of pale magenta
upon the teacup in my hands, held just so,
as I drink at last from life in freedom
and in full, in Lycra, and in pride.
And thus I go to Denver, with heartbeat
that is calm, knowing I do only as Jack
Palance would do, were he but half the
man, or half the woman, that I be. No, let
Jack sit in shame in blue kimono with
houseboy at his side. I am done with all
Such doings, am done with all such lies.
And when I say that men, they are
such fools, I will know, *mesdames*, whereof
I speak, for I did walk among them.

Knew I Then Azazel

Knew I then Azazel,
in years of desert roaming,
between *Untouchables* and
Unsolved; knew I then,
in silence and in solitude,
unemployment and uncertainty.
No free wardrobe had I then,
nor knew I hairdresser's comb.

sur les varices de la vérité
mais connaîtrai également les vibrations
de la lune et de la marée dans les vaisseaux de mes
semblables, et l'armure de ma dureté
connaîtra la douceur, et je sourirai
à la vue du motif magenta clair
sur la tasse à thé dans mes mains, tenue ainsi,
pendant qu'enfin je boirai, libre
et dans la plénitude, dans le Lycra et la fierté.
Et ainsi je vais à Denver, avec un battement de cœur
calme, sachant bien que je ne fais que ce que ferait Jack
Palance, ne serait-il qu'une demi-portion
de l'homme ou de la femme que je suis. Non, que
Jack reste honteux, dans son kimono bleu,
un laquais à ses côtés. J'en ai fini avec
ce genre de choses, fini avec tous ces mensonges.
Et quand je dirai que les hommes, ce sont
des imbéciles, je saurai, *mesdames*, de quoi
je parle, car je les ai fréquentés.

Ai connu, alors, Azazel [11]

Ai connu, alors, Azazel,
dans les années de traversée du désert,
entre *Incorruptibles* et
Inexpliqués ; ai connu, alors,
dans le silence et la solitude,
chômage et incertitude.
Pas de garde-robe gratis pour moi alors,
connaissais pas le peigne du coiffeur.

And still I shed no tear
and left no bill unpaid,
and now stand tall as only one
who knew Azazel may.

I, as Robert Stack, Address My God

Lord, though I mouth the words of others,
may the truth in my eyes belie them ever,
and thus may I, in first run or in rerun,
lead no man, or woman, astray.

Lord, may all know that in my mind
I wear a hat,
though none they see;
that in my mind I wear no trousers,
though well creased and cuffed they see.

Lord, may they know these things,
and know then as well, all viewers
of the Lifetime Network, Television for Women:
no wife, no daughter, is safe from me.

Lord, in thy mercy, forgive me.

What I, as Robert Stack, Would Eat
Pork and eggs.

What Bob Stack Et
Pork and eggs.

Et quand même, versais pas une larme
et laissais pas d'impayés,
et à présent vais la tête haute comme seul
celui qui a connu Azazel peut le faire.

Moi, alias Robert Stack, je m'adresse à mon Dieu

Seigneur, même si je feins de dire les mots des autres,
puisse la vérité dans mes yeux toujours les démentir
et qu'ainsi en première diffusion, ou en rediffusion,
je n'abuse personne, homme ou femme.

Seigneur, puissent-ils tous savoir que dans ma tête,
je porte un chapeau,
même s'ils ne le voient pas ;
que dans ma tête je ne porte pas de pantalon,
même s'ils m'en voient de bien repassés et ajustés.

Seigneur, puissent-ils savoir ces choses,
et savoir aussi, dès lors, tous ces téléspectateurs
de la chaîne Lifetime, la Télévision pour les femmes :
qu'aucune épouse, aucune fille n'est hors de ma portée.

Seigneur, dans ta miséricorde, pardonne-moi.

Ce que moi, alias Robert Stack, je mangerais
Du porc et des œufs.

Ce que Robert Stack mangeait
Du porc et des œufs.

January 13, 1997

I, as Robert Stack, who was born
seventy-eight years ago on this day,
lay aside Matthew Arnold's musings on age
and shut the light: *humanus sum*.

What Hesiod knew of neuroscience
we have yet to relearn.
To rend the tawdry man-made fabric of the intellect,
to cut the throat of fear and ask of our gods
nothing but power enough to kneel and conquer—
such are the ends, such the cures,
such the only freedom from plague and from dark
that ever we shall know.

Knowing this, I, as Robert Stack, upon this night,
shut both book and light, and eyes as well.

13 janvier 1997

Moi, connu sous le nom de Robert Stack, qui suis né
il y a soixante-dix huit ans à ce jour,
je mets de côté les rêveries de Matthew Arnold[12] sur l'âge
et j'éteins la lumière : *humanus sum*.

Ce qu'Hésiode savait des neurosciences
il nous faut encore le réapprendre.
Déchirer le tissu synthétique tapageur de l'intellect,
tordre le cou à la peur et n'exiger de nos dieux
rien d'autre qu'assez de force pour s'agenouiller et
surmonter —
telles sont les fins, tels les remèdes,
telle la seule délivrance de la peste et de l'obscurité
que nous ne connaîtrons jamais.

Sachant cela, moi, alias Robert Stack, en cette nuit,
je ferme le livre, éteins la lumière, et ferme les yeux.

Soupir

Aura sacra, nel lago del cor [13]
Puisse ce qui nous a été donné,
ce soupir, flux et reflux du souffle,
rendre la vie
à ce qui est en nous,
insoupçonné, sacré,
et qui attend de naître.

Sigh

Aura sacra, nel lago del cor
May what has been given us,
this tidal sigh of breath,
give life in turn
to what lies in us,
unimagined, holy,
and waiting to be born.

scratch

Jabbo descendit vers la ville. Il but une rasade et prit le virage en pente qui sinuait en contrebas de la faille creusée entre deux tertres rocheux. Sur le bord, des arbres poussaient à la verticale et leurs feuilles formaient un toit de verdure au-dessus de la route, une arche enchevêtrée dont la voûte protégeait du soleil. Quand il entra sous cette arche ombragée, la ville disparut ; on ne la voyait plus, et un instant il pensa qu'elle aurait tout aussi bien pu se trouver là que n'avoir jamais existé ; et il but une autre rasade. Et quand il ressortit, elle réapparut à ses pieds.

Il ralentit, baissa la vitre, s'abreuva du silence qui l'entourait, du chant des oiseaux qui s'y tissait ; l'odeur de terre retournée, le trèfle, l'air sucré et diaphane, les arbres bourgeonnants. Il ne savait pas reconnaître le chant des oiseaux et ne connaissait rien au nom des arbres. Les pigeons, si, il connaissait leur roucoulement grossier. Et les mouettes. Et les chênes, ceux avec les glands, ou encore celui que les Chinetoques appelaient, à Chinatown, l'arbre du paradis – l'ailante, l'arbre chiendent de sa vie pleine d'amertume, celle des fissures, des grillages, des allées d'autrefois. Mais sinon, rien. Ce qui rendait tout cela d'autant plus merveilleux, ces chants d'oiseaux et le doux chatoiement des branches dans la brise, sous le soleil qui ressemblait à un disque de métal doré dans l'interminable ciel céruléen. Il finit ce qui lui restait d'alcool et jeta la bouteille à l'extérieur. Il l'entendit se fracasser sur la pierre, ajoutant sa signature à cette tranquillité rapsodique, ces chants d'oiseaux et ces tremblements.

Un petit scarabée tacheté se posa sur son avant-bras. Il le secoua avec vigueur pour s'en débarrasser. Le problème avec la nature, c'est qu'elle vous assiégeait de toute part.

Il pourrait se dégotter une pinte un peu plus loin. Il devait bien y avoir un magasin qui vendait de l'alcool. C'était obligé.

Et aussi de l'essence. Le réservoir était presque vide. Il regarda sa montre ; cela faisait presque cinq heures qu'il conduisait. Il se demanda à quelle distance il se trouvait de New York. Assez loin, se dit-il. Suffisamment loin.

La pinte, rien à foutre. Il s'achèterait une bouteille. Il s'achèterait cette bouteille et peut-être même qu'il passerait la nuit ici, pour faire le point, réfléchir à ce qu'il allait faire à présent.

Les vivantes, les mortes,
Ou celles qu'on attache au lit ;
Les filles, y'a que ça de vrai,
Oh baby, yeah, tu me plais.

Oh, yeah, baby, tu me plais. Tu me plais. Tu me plais, c'est sûr. Oh, yeah, baby, c'est sûr que tu me plais.

Ah, si seulement Sam avait été avec lui. Ou quelqu'un

d'autre comme elle. Il pourrait recommencer sa vie pour de vrai et depuis le début, comme il le voulait. Ensemble, ils pourraient être seuls, comme dans l'image de ce livre de contes quand il était gamin.

Il alluma une cigarette, exhala la fumée. Il se dit qu'il arrêterait de boire. Après s'être acheté cette bouteille, il arrêterait. Tout seul. Il en était capable. Il l'avait déjà fait, sans l'aide de personne. Boire, au fond, ça compliquait les choses. Ça n'avait plus le même effet qu'avant. Avant, ça le plongeait dans l'oubli – un oubli plus doux encore qu'une mère ou que n'importe quelle gonzesse. Pour lui, c'était comme de se rendre à l'église : un moyen de combattre les démons, de le délivrer de la misère, de mettre le monde en pièces, à l'intérieur de lui-même comme à l'extérieur, le monde et le temps dans sa totalité. Mais après, ça avait changé, et l'oubli était devenu pour lui aussi épouvantable que le vide de cette foutue existence. Ce n'était plus un moyen de combattre les démons, au contraire, ils s'en nourrissaient, s'en trouvaient d'autant plus forts et redoutables, comme si l'oubli devenait maintenant pour eux ce secours qu'il n'était plus pour lui, les alimentant et les renforçant alors qu'il le minait, lui, et l'abrutissait ; c'était comme si cette existence qu'il vénérait tant l'avait abandonnée, au même titre que tout ce qu'il vénérait. Et pourtant, il restait enchaîné à elle alors que les plaisirs qui s'y associaient devenaient agonies, qu'elle le jetait au sol et le faisait ramper et vomir son sang jusqu'à la paroi de son estomac, donnant forme et voix aux démons, et qu'elle transférait son corps d'une unité de soins intensifs à l'autre, avant de le sommer de se relever et de détacher les sondes de ses poignets pour recommencer à boire. Il ne voulait pas retourner à l'hôpital, pas maintenant. C'était aussi simple que ça : il ne pouvait pas, puisqu'il n'existait plus.

Helen tira les rideaux sur la lumière du jour et s'agenouilla sur le lit. Elle ferma les yeux, ne ressentant rien en dehors des battements sourds de son cœur dans son corps affaibli. Cette faiblesse n'était due ni à la lassitude ni à la maladie, même si elle se sentait lasse et malade. C'était la faiblesse d'un corps qui se brisait, de muscles qui s'atrophiaient, d'os fragilisés par l'usure des tendons et des ligaments qui tenaient l'ensemble ; une faiblesse due à la malnutrition et à l'atrophie qui avait filtré de l'esprit vers la substance, la dislocation d'un corps abandonné par l'esprit, comme l'esprit avait été abandonné par l'âme.

C'était une vraie ville, mais elle ressemblait à ces villes de train électrique dans les grands magasins à Noël ; plus grande qu'un hameau, c'était certain, avec une large avenue qui la traversait, et une sorte de place où se trouvait le gros bâtiment d'une banque surmonté d'un gros dôme, et des flèches d'églises qui s'élevaient derrière ; mais bon, il y avait aussi ces vieilles maisons en bois, décorées de vieilles moulures de bois – pas vraiment des chaumières, ou peut-être que si quand même, qu'est-ce qu'il en savait ; les chaumières n'étaient pas forcément en pierre avec un toit de chaume, cela pouvait tout aussi bien être de petites maisons vieillottes, après tout. Et même si, pour une bonne part, ces vieilles maisons en bois étaient grandes, certaines d'entre elles étaient petites et vieillottes, et d'autres encore, un bon nombre, en particulier celles situées près de l'avenue principale, en retrait par rapport aux rues ombragées qui la coupaient, n'étaient ni vieilles ni en bois, mais vieilles et en pierre – pas en brique, mais en pierre –, et il y avait des arbres et des chemins qui sinuaient, des arbres, des arbres, des arbres, comme si, en dépit de la banque avec le gros dôme et les flèches et tout le bazar, l'endroit était autant forêt que ville, et, pour l'essentiel, c'en était bien une, ça en avait l'air en tout cas, ça se sentait : une ville tranquille, intemporelle, tel un rêve sans peur. Les gens, on ne les entendait pas plus que les oiseaux, et même la façon qu'avaient les voitures et les pick-up de se déplacer et de cahoter paraissait aisée, comme étouffée. Et puis il y avait ce truc qu'on voyait partout, vert tacheté de rouille, qui poussait sur les buttes et les arbres et les rochers, là où la route qui descendait vers la ville devenait la large avenue principale ; cette matière, comme dans la maquette du train électrique, comment ça s'appelait déjà ? Du lichen, c'était bien ça, du lichen ça s'appelait ; il se présentait sous la forme de petites touffes spongieuses qu'on collait le long des voies ou sur la gare, là où on voulait. Sauf qu'ici ce n'étaient pas des touffes spongieuses, et pas collées non plus, c'était du vrai ; et il devait bien en avoir déjà vu de ce truc en vrai, Dieu sait où et combien de fois, bien qu'il n'y eût jamais pensé en ces termes jusqu'à présent. C'est-à-dire : comme à du lichen, ou comme à n'importe quoi d'autre, du reste. Et il n'y avait pas l'ombre d'un train quand on arrivait en ville, rien que des voies qui traversaient la route, de vieilles traverses en bois pourri avec des rails incrustés bien profond dans le revêtement de la chaussée.

Jabbo fit un arrêt à la station-service derrière le gros bâtiment de la banque, là où la large avenue redevenait une route et où, au lieu d'y entrer, elle sortait de la ville, franchissant un pont pour aller se perdre dans un alignement de vieux entrepôts, d'usines en briques et de terrains vagues envahis de mauvaises herbes où l'on entendait le son des scies et d'où émanaient des odeurs de sciure – d'ailleurs, les scies comme les voitures et les pick-up étaient pour une raison ou pour une autre elles aussi en sourdine.

— Bien l'bonjour, fit le mécano.

— Bien l'bonjour, répondit Jabbo. Il sortit de la voiture, s'étira, soupira pour se débarrasser de la sensation persistante de mouvement, puis respira pour s'imprégner de celle que lui inspirait cet endroit paisible, hors du temps, comme dans un rêve sans peur. Il regarda autour de lui et sourit, ses sens embrumés par les vapeurs électriques et maladives que formait l'alcool dans son sang et dans son cerveau. Un instant, l'air apaisa la nausée dans ses tripes, tel un baume passé sur ce mal plus profond encore, soulageant sa conscience, un baume doux et apaisant appliqué sur la plaie ouverte au fond de lui. Un instant, il oublia la cellule, oublia Harry et ce morceau de matière morte entre ses jambes, oublia tout, jusqu'à son existence, oublia qu'il n'existait pas. Un instant seulement.

Le mécano lui sourit. Il sourit au mécano. Il jeta un œil entre les jambes du mécano, comme l'aurait fait un pédé. Il faisait cela de plus en plus souvent ces derniers temps : regarder entre les jambes des hommes, ceux qui possédaient encore cette vigueur que lui-même avait perdue.

— Où est-ce que je peux acheter une bouteille par ici ? demanda Jabbo, sachant très bien qu'il la trouverait tout seul, cette bouteille, s'il y en avait une à trouver et si ce n'était pas le genre de bled où l'on mourait de soif, tout en souhaitant quand même poser la question et appréciant le fait de pouvoir la poser pour la nouveauté, la camaraderie inhabituelle et nonchalante que ça représentait. Ce mécano, là, perdu dans ce calme et ce silence, probablement né là-dedans, il ne savait rien de cette cellule, rien de Harry ou du reste. Jabbo, après tout, n'était rien d'autre à ses yeux qu'un homme comme lui. Un peu plus âgé peut-être – un homme à qui, par conséquent, était dû un surcroît de respect, mais quoi qu'il en soit, un homme comme lui avant tout. Et dans des endroits comme celui-ci, les gens entretenaient ça, se dit Jabbo : des relations de bon voisinage dans le respect des règles distinguées de la conversation.

Jabbo scruta le bureau sombre et désordonné qui jouxtait le garage et qui était resté ouvert. Cette putain de bicoque serait un jeu d'enfant à dévaliser, se dit-il.

— McGill's, répondit le mécano en hochant de la tête dans la direction d'où était arrivé Jabbo. À deux pas de la place, juste après la quincaillerie.

— Et pour dormir ?

— Ici, l'hôtel, le type à qui ça appartient, l'est pas loin d'casser sa pipe, l'endroit tombe en morceaux, ses clients, les seuls qu'il ait, sont pas loin d'casser leur pipe aussi, des vieux avec nulle part où aller. Il y a eux, et puis les autres, les mordus d'histoire qu'on les appelle ici, qui se pointent de temps en temps. Une fois, il y en a un qu'est descendu là-bas, il avait tué quelqu'un, un truc comme ça. Faut supposer qu'ils préfèrent rester là à regarder le ventilateur au plafond plutôt qu'au motel avec tous les autres. Pour vous, franchement, le motel, c'est l'plus proche, là-bas vers le collège, à trente, trente-cinq miles par là-bas, faut tourner et prendre la Route 21 par là-bas. Sans quoi, vous avez aussi les auberges, le style formule chambre d'hôte, genre vieillot, par là bas. Pas une mauvaise idée à c't'époque de l'année, hors saison. Propre, calme – si vous aimez ce genre d'choses.

Il exécuta un autre geste, avec un hochement de tête plus vague encore, et expliqua à Jabbo qu'il y avait trois auberges, puis il lui donna les indications pour les meilleures d'entre elles.

Jabbo resta debout à respirer l'odeur de l'essence pendant que le mécano nettoyait son pare-brise, faisant couiner faiblement la raclette sur la vitre.

Une auberge. Jabbo n'avait jamais passé une nuit à l'auberge. Une fois, il avait failli se rendre dans une auberge avec Dorothy en longeant la côte littorale de Jersey, mais finalement il s'était fait pincer, et ils n'y étaient jamais allés. Il connaissait aussi un gars qui avait une maison, là-bas dans le nord de l'état, c'était quoi son nom déjà au mec du rade sur Hester Street ; on l'avait invité, mais il n'y était jamais allé.

Jabbo paya le mécano, lui laissa cinq dollars de pourboire parce que grâce à Dieu, il était comme ça, lui, Jabbo, et parce qu'un billet de cinq, dans un putain de trou comme celui-ci, c'était un putain de billet de cinq ; ça forçait le respect, la gratitude, la considération comme il se doit, et ça n'était pas à prendre à la légère ou pour acquis.

— Eh bien m'sieur, merci, dit le mécano. Merci beaucoup.

Bordel, un billet de deux aurait bien suffi. À bien y réfléchir, ce type s'en sortait probablement mieux que la putain de banque, à braquer tout ce qui bougeait en ville avec son garage, à empocher une fortune pour chaque boîte de vitesse et pour chaque silencieux de pot d'échappement qu'il installait. Il aurait dû lui donner que dalle, que dalle qu'il aurait dû lui donner. Que dalle. Qu'il aille se faire foutre, ce type. Qu'il aille se faire foutre avec sa bite en état de marche. Le sourire disparut du visage de Jabbo. Il monta en voiture, ferma la porte et démarra en projetant gravier et mauvaises herbes.

Il se dégotta une bouteille et une cartouche de clopes, et il trouva une auberge.

Elle était située à l'écart, sous le soleil, entourée par l'ombre des épicéas, des pins et d'un grand cèdre rouge qui remplissaient l'air de leurs senteurs ; et le bois des tympans sculptés, des colonnes, balustrades et barreaux du porche étaient bleu cendré et blanc, de la même couleur que celle des petits cônes en forme de baies qui, tel le genévrier, parsemaient le manteau vert des grands cèdres rouges, et partout autour de l'ouvrage en pierre couvert de mousse qui formait la base du porche, épanouies dans l'épais entrelacs buissonnant de feuilles sombres en forme de cœurs, on retrouvait ce même bleu et blanc par touffes de violettes en fleurs, écloses dans les premiers effluves du printemps. L'entrée de l'auberge – des pierres marron foncé maladroitement assemblées au mortier à ce que Jabbo pouvait en voir – était envahie par une plante grimpante et foisonnante, griffe d'une étreinte verdoyante qui en des temps reculés avait peut-être été moins exubérante mais dont la taille à présent lui donnait une allure rapace et meurtrière, comme si elle s'apprêtait à subsumer l'endroit, à le déglutir, le faire taire, le priver de lumière dans son souverain manteau d'humidité et de feuillage. Les fenêtres, traitées avec ce qui devait être le même bleu cendré et blanc, avaient depuis longtemps viré au gris ; elles ressemblaient à des yeux qui regardaient par-dessous l'étreinte, des yeux tristement calmes qui ne disaient rien et ne voyaient plus ; et seule l'une d'entre elles, une fenêtre à pignons isolée qui s'élevait au-dessus des épicéas et du cèdre, mais pas des pins, se trouvait hors de portée des griffes de la végétation.

Jabbo demanda à la propriétaire la chambre du haut, celle avec l'unique fenêtre à pignons. Il semblait n'y avoir personne d'autre qu'elle et lui alentour. Elle était plus âgée que Jabbo, la quarantaine bien entamée, et se déplaçait comme si elle avait vécu toute sa vie à cet endroit, dans ces senteurs d'épicéas, de pins et de cèdres, dans la lumière du soleil, dans la pénombre de la plante grimpante et foisonnante, n'entendant rien d'autre que les oiseaux dans l'air rempli de ces senteurs. Elle était jolie. Jabbo les aimait bien, elle et sa manière de sourire. Ses seins aussi étaient jolis, et c'était bon d'être seul avec elle, ici, comme ça, à cet endroit.

Ses seuls bagages étaient sa bouteille glissée dans un sac en papier et la cartouche de clopes, et elle le regarda bizarrement, lui et ces choses qu'il amenait avec lui. Puis elle sourit. Tout semblait parfaitement naturel. Tout était naturel chez elle. Son sourire était aussi naturel que la façon bizarre dont elle le regardait, lui et sa bouteille dans le sac en papier et sa cartouche de clopes. Il ne vint pas à l'idée de Jabbo qu'elle pouvait aussi sentir les odeurs d'alcool et de cigarette de son haleine, que pour elle il était ça, alcool et cigarette, une créature qui carburait à ce genre de choses et qui curieusement s'était présentée devant elle chargé de ses subsistances, et de rien d'autre.

— Combien de temps comptez-vous rester ? demanda-t-elle, alors qu'elle paraissait gagnée par l'idée insolite que c'était là une question excentrique à poser à un individu qui aurait pu se consumer sur place à tout moment, disparaître dans un nuage âcre de fumée de cigarettes et de vapeurs d'alcool. Cela la fit sourire, et le regarder la fit sourire plus encore. Il y avait quelque chose de particulier chez cet inconnu, sous cette peau blême et dans ces yeux voilés et injectés de sang.

— Je n'en sais rien. Un jour ou deux.

— Et comment souhaitez-vous payer ?

— Cash. Il sortit plusieurs billets de cent dollars de sa

poche gauche, et les lui tendit.

— Ce n'est pas nécessaire, dit-elle. Vous pourrez payer quand vous partirez.

Elle était jolie, c'est clair. Et ses seins aussi. C'étaient vraiment de chouettes seins. Elle était douce, très calme et tranquille, seule dans la brise, les senteurs et l'immobilité de cet endroit ; toute seule à attendre, à attendre quelque chose, un homme, un homme comme lui. Si douce elle serait, si calme et tranquille quand elle le caresserait, le soignerait, le sauverait, là-haut dans la chambre. Et quand il serait de nouveau sur pied, de nouveau un homme, il la dévorerait, la baiserait par la bouche, le cul et la chatte jusqu'à ce qu'elle se sente possédée et qu'il n'y ait rien d'autre au monde que lui et eux, alors que les plantes et la terre digéraient cet endroit, le dévoraient, dans la pénombre et l'humidité, comme lui la dévorerait, et ça n'aurait pas d'importance, rien n'aurait plus d'importance, la fin du monde, la fin de cet endroit, elle n'aurait jamais su qu'il lui manquait quelque chose, à lui, qu'il n'avait pas été un homme, elle aurait juste compris qu'il était ce qu'elle avait attendu tout ce temps, dans la brise, le calme et les tristes et discrètes senteurs comme celles du genévrier.

Ils étaient seuls à présent, dans l'immobilité de cet instant, dans le souffle retenu et tamisé de cet endroit au milieu de nulle part. Il pouvait la prendre dès maintenant, aller chercher le flingue dans la boîte à gants et la prendre dès maintenant, l'emmener là-haut et l'attacher aux colonnes du lit, la bâillonner et lui bander les yeux pour l'empêcher de regarder. Il pouvait le faire, boire un coup, et se tirer.

— Vous êtes ici pour pêcher ? Elle demandait ça à tous les hommes qui arrivaient sans femme, à tous elle leur demandait, mais cela lui était égal, la réponse ne l'intéressait pas vraiment ; elle demandait ça comme ça, pour rien.

— La canne à pêche est dans le coffre, répondit-il. Cela ne serait pas une si mauvaise idée : dessoûler, arrêter de boire, se la couler douce, aller à la pêche, faire le point. Il pouvait se trouver une canne et un moulinet à la quincaillerie. Fixer le plomb sur le fil, l'appât à l'hameçon, attendre. Une attente agréable et paisible. Ça ne devait pas être sorcier de retirer l'hameçon de la bouche du poisson ; il pourrait s'en sortir, personne ne serait là pour l'observer et le juger, se moquer de cet homme qui ignorait ce que même un enfant saurait faire, et après, cela n'aurait plus d'importance, si quelqu'un l'observait, parce qu'il n'aurait pas de problème pour sortir l'hameçon de la bouche du poisson, qu'il aurait l'air d'un homme qui s'y connaissait en activités viriles, et si quiconque le regardait d'un air bizarre ou avait des commentaires sur sa manière de pêcher, il répondrait que c'était comme ça quand il était gosse, que nous les gosses de la ville on n'y connaissait rien, et ça ils le respecteraient, ils le verraient comme un gars de la ville, un vrai – ou mieux encore : comme un gamin qui était devenu cet homme expérimenté et sensible, un gars de la rue avec sa sagesse, qui avait vécu une vie bien remplie, plus remplie que la leur, et qui était venu jusqu'ici pour faire le point, réfléchir et leur faire profiter de sa sagesse et de sa connaissance du monde, et ils ignoreraient qu'il n'avait jamais pêché – cette activité virile et intrinsèquement masculine – de toute sa vie, et qu'il avait peur d'extraire l'hameçon de cette bouche – cette activité virile et intrinsèquement masculine –, qu'il avait peur de s'éborgner et de se faire mordre. Tous les deux ils pourraient faire griller les poissons en plein air. Les faire griller sur un feu de brindilles à l'odeur sucrée qu'ils auraient ramassées sous les arbres. Elle les nettoierait et enlèverait les arêtes, elle lui sourirait pendant que le soleil déclinerait, sourirait comme une femme tombant éperdument amoureuse, et ce soleil déclinant serait comme la fin du monde, et elle le laisserait faire ce qu'il voudrait avec elle, elle voudrait qu'il fasse ce qu'il voulait avec elle, et dès lors il serait un homme, elle l'aurait guéri et soigné, se serait livrée à lui comme elle s'était livrée à rien d'autre qu'à cette immobilité, cette brise, cette solitude et ce désir qu'étaient ses matins et ses soirs dans sa vie passée. Le poisson grésillerait dans la fumée des brindilles, comme dans ce film où les hommes cuisinaient une truite sur un feu de camp, seuls dans la nature, seuls avec eux-mêmes, forts, sauf que lui serait encore plus fort parce qu'il l'avait, elle, et il serait le seul, ne souffrant la comparaison avec aucun autre – le seul homme dans sa vie, dans leur vie, cette vie rêvée qui était la leur, qui était sûre et loin de cette vie de peurs et de mensonges qu'il avait laissée derrière lui, car cette vie-là ne reviendrait pas tant qu'elle était là, elle l'en protégerait, et là où s'étaient dits tant de mensonges, un seul subsisterait maintenant : le mensonge de l'instant, le mensonge de ce rêve que sa croyance à elle transformait en vérité, ou qui au moins laissait croire à une forme de vérité, et qui suffirait bien, qui serait mieux que ce qu'il avait connu jusqu'alors ; et ça sentirait si bon, ça aurait si bon goût, mieux que tout ce qu'il avait goûté jusqu'à présent, parce qu'il n'avait jamais goûté à pareille chose, n'avait jamais mangé de poisson plus frais que ceux qu'on achetait dans les magasins ou mangeait au restaurant, jamais mangé de poisson cuit au-dessus d'un feu de brindilles sucrées ramassées sur le sol immaculé et couvert d'épines de pins d'un sous-bois humide réchauffé par le soleil ; jamais il n'avait fait ce genre de choses, mais il ne devait rien lui en dire, parce qu'il lui avait apporté la connaissance et la virilité, le savoir et l'expérience de toutes ces choses lointaines pour elle ; et il arroserait ça d'une gorgée d'eau de source fraîche, car il ne boirait plus d'alcool, et l'eau limpide était ce que l'esprit réclamait, le nectar de clarté, de tranquillité et de force ; et il n'avait pas besoin d'alcool pour se coucher à ses côtés, puisque qu'ils ne faisaient plus qu'un et que dans ce lit ses poumons ne s'étouffaient plus sur ces vieux démons ; et ils ne parleraient pas, on entendrait juste les grillons et le chant des oiseaux dans les derniers rayons de lumière qui perceraient derrière les arbres frissonnants, et ils frissonneraient eux aussi plus tard sous l'édredon, et au bout de son sommeil sans rêve, le matin les bénirait et tout serait encore bien réel.

— Vous aimez la truite ? demanda-t-il en glissant les billets dans sa poche. Merde, pensa-t-il, elle allait lui demander de signer le registre ou de remplir une fiche ou un truc dans le genre et il avait oublié le nom qui figurait sur son permis. Mais elle ne lui demanda pas de signer le registre, ni de remplir une fiche, rien de tout cela.

Tout ce qu'elle fit, ce fut de le regarder à nouveau bizarrement. Elle ne comprenait pas pourquoi quelqu'un ferait tout ce trajet pour arriver jusqu'à cette étendue d'eau calme et tranquille que personne dans le coin n'osait appeler un lac. Ils appelaient ça un étang. Et pour elle, l'étang n'était pas un endroit romantique ou un lieu de rêverie, mais une mare boueuse aux murmures mélancoliques, un endroit où broyer du noir, un lieu de reproduction, qu'il soit ensoleillé ou plongé dans les ombres vitreuses du soir, et où toutes ces obsessions lugubres et élusives se retrouvaient pour plomber l'âme de tristesse, comme si on la précipitait vers un vide menaçant et dévastateur, un néant spatial, temporel et spirituel, tapis sous cette tranquille immobilité.

— Vous venez ici pour pêcher la truite ? Non, elle ne comprenait pas pourquoi les hommes, tels des imbéciles sans âmes à corrompre, venaient ici pêcher les créatures pâles et gluantes de cette espèce ; elle ne comprenait pas. Mais elle comprenait que cet homme n'était pas l'un d'eux.

— Je peux les sentir d'ici dans la poêle, dit-il avec un grand sourire, comme ferait un homme face à elle et sentant sa respiration glisser sur lui dans le soleil couchant. Sauf qu'on n'utilisait pas de poêle sur un grill, pas vrai ? Quoique, en fait, les hommes qui se retrouvaient seuls dans la nature en utilisaient une, de poêle. Et du noyer d'Amérique. Ça devait être du noyer d'Amérique qu'ils utilisaient, le seul bois dont il connaissait l'odeur, bien qu'il ne connût pas l'odeur en elle-même. Ça, et l'odeur du pin, bien entendu. Mais ici, dehors, il n'y avait pas que l'odeur des pins. Ça sentait autre chose, de plus sucré, de plus doux et étrange. Peut-être bien le noyer. C'est ça, de la truite fumée au noyer. Il avait vu ça, une fois, dans un magasin ou sur un menu. Mais sur un menu, ça n'était pas pareil, ça n'était pas réel comme ici ; c'était du vol, des conneries, rien que des conneries. Comme l'établissement de l'autre, là, cet enculé. Mais ce soir-là, il ne l'avait pas loupé, c'était clair. Il en avait eu marre de ses conneries et il lui avait fait la peau. *Tu oses appeler ça un resto italien ?* Il aurait dû lui péter cette putain de bouteille de vin sur sa putain de face de Génois. Voilà ce qu'il aurait dû faire. C'est pas bon de garder ces choses à l'intérieur. Vous les gardez sur le cœur, et ça vous bouffe.

Ouais, jolis seins pour un vieux sac comme elle. Lui mordre et lui arracher les tétons pour en faire des appâts. C'est peut-être ça qu'ils utilisaient, Andy et Opie. Ceux de la tante Bee, bien gros. Ouais, le lundi soir, tu te souviens ? Âgés de huit neuf ans. Ce caillou qui ricochait à la surface du lac, ce sifflement. On avait trouvé le mode d'emploi replié dans la boîte à tampons, dans la rue. C'était marrant de le montrer aux autres et de laisser tout ça bien en évidence sur le bureau du professeur, ha ha !

De la viande de tétons fumée au noyer, ha ha ! Pourrais p'têt' bien l'inviter dans la chambre boire un verre. De l'amour, c'est ça qu'elles veulent ces gonzesses : de l'amour romantique. De la viande de tétons grésillant dans une poêle, comme ceux que faisait maman. Miam-miam. Ha ha !

Elle plaça la clef dans sa main restée ouverte et il gravit lentement les escaliers, la cartouche de clopes sous le bras et le goulot de la bouteille qui se trouvait dans le sac en papier serré dans son poing. Il pensa à sa manière de sourire, de placer la clef dans sa main. Pas de doute, elle le cherchait. Elle en voulait, cette salope, elle en voulait.

Sous l'inclinaison des chevrons et des poutres du toit, les murs avaient une couleur bleu clair. En revanche, le plancher et les meubles étaient tous en bois sombre. L'obscurité de leur teinte paraissait due à l'âge ou à l'environnement qu'ils partageaient plutôt qu'à une origine ou un style communs. Une grande armoire ornée, une petite table ordinaire et deux fauteuils à proximité des fins rideaux de dentelle de l'unique fenêtre à pignons, les montants sculptés, la tête et le pied du lit, une table de nuit recouverte d'un napperon au crochet sur lequel étaient posés un vieux téléphone à cadran noir et un cendrier en verre couleur d'ambre : les différents grains, le duramen et l'aubier de ces objets, leurs taches et leurs finitions, semblaient tous appartenir au même bois trempé, comme enveloppé du mystère d'une époque lointaine dont le souvenir s'estompait. Et c'était ce bois sombre, ce bois d'ombre qui jetait un sort et donnait un air sinistre à l'espace de vitalité et de lumière créé par ces murs bleus et ce haut plafond.

Jabbo se mit en sous-vêtements et alluma une cigarette. Il versa l'alcool dans un verre trouvé dans la salle de bain, s'assit près de l'unique fenêtre à pignons, et but. Il posa les doigts morts de sa main entre ses jambes et pensa à elle, en bas, elle qui respirait et se déplaçait juste en dessous et l'imaginait, pensait à lui la main entre les jambes, juste au-dessus, seul dans cet endroit avec elle. Avec les doigts morts de son autre main, il fuma, il but, et pour finir sa main s'immobilisa entre ses jambes, doigts morts sur chair morte ; seule l'autre main bougeait tandis qu'il fumait et buvait et regardait par l'unique fenêtre à pignons d'où il ne voyait rien d'autre que le ciel qui tournait au gris au-dessus de l'épicéa, du cèdre et des pins, n'entendant rien d'autre que la pression du sang dans ses artères et une discrète mais sinistre stridence dans ses oreilles.

Il descendit une bonne partie de la bouteille. Le soleil qui déclinait derrière les arbres dans le gris du ciel avait un éclat incolore et diffus. Il le fixa à travers un voile de mouches qui embrouillait sa vision, insectes mouvants, lumineux et translucides qui étaient à sa vue ce que la discrète mais sinistre stridence était à son ouïe. Il le fixa, laissant infuser dans son esprit son éclat terne et déclinant jusqu'à ce que les pulsations de son cerveau et le ciel ne fassent plus qu'un tout incolore et diffus, ne produisant plus qu'une plainte vaine et essoufflée. Il se souleva, tituba lentement pour atteindre sa veste posée sur le lit, fouilla dans les poches pour en extraire une paille en plastique et un petit paquet enveloppé dans du papier d'aluminium. Un instant, il se tint là, comme perdu, chancelant légèrement dans une ataxie statique.

Il trébucha jusqu'aux toilettes, tripota l'ouverture de son caleçon et en sortit sa bite. La chair était moite et désagréable au toucher, mais l'air qui passa dessus lui fit du bien. Rien ne vint. Il tendit les muscles de son abdomen, ressentit une douleur sourde sur un côté et vit sa bite chétive se contracter alors qu'il poussait, jusqu'à ce qu'enfin il se mette à pisser, longuement, abondamment, son urine s'écoulant d'abord par giclées avant de ruisseler, foncée et brûlante. Il tendit le bras et s'appuya contre le mur avec son poing qui serrait la paille et le petit paquet enveloppé d'aluminium ; pris d'un haut-le-cœur, il se pencha au-dessus des toilettes, mais rien ne vint. Cela faisait trois jours qu'il n'avait rien mangé, rien avalé d'autre qu'alcool et fumée de cigarettes ; mais rien ne vint, pas même l'alcool, et rien de cette vase amère et noire, cet enduit saburral de poisons caillés et de sang vicié. Avec le dessus de sa main refermée, il essuya le filet de salive qui coulait de sa bouche et les larmes qui gouttaient de ses yeux injectés de sang. Sa respiration était lourde et il trébucha à nouveau en direction de la fenêtre. Il se versa un autre verre et alluma une cigarette. Il but, fuma, déplia l'enveloppe d'aluminium du paquet qui contenait cinq sachets d'héroïne dans du papier cristal. Avec sa main, il assouplit la feuille d'aluminium contre la table et y versa trois sachets dans le pli central pour former une crête de cristalline poudre blanche. Il plaça la paille entre ses lèvres, souleva l'aluminium jusqu'à lui, se pencha au-dessus, et il fit courir en dessous la flamme de son briquet, puis il aspira la fumée qui s'élevait de la dope en combustion, encore et encore, jusqu'à ce qu'il ne reste de la crête de cristalline poudre blanche qu'une trace comme une fine tache goudronnée. Il but encore, et ferma les yeux, et quand il les rouvrit, l'éclat terne et déclinant avait disparu et la lumière nocturne du ciel gris se mit à baisser, et l'on entendait les branches de l'épicéa, du cèdre et des pins mieux qu'on ne les voyait, ombres tremblantes dans la nuit sans lune qui fraîchissait. Il prit les deux autres sachets et vida ce qui restait de la bouteille dans le verre, le remplissant presque à ras bord. Il alluma une cigarette et resta assis, immobile, tremblant dans la fraîcheur, regardant fixement l'alcool dans son verre, dans la lumière nocturne qui se reflétait dans l'ambre obscurci par la nuit. Ses yeux morts à demi-fermés se plissèrent sur le masque de son visage, mort lui aussi. Puis la lumière nocturne disparut à son tour de l'ambre que contenait son verre, de ses yeux plissés et de sa chair pâle qui frissonnait à présent comme celle d'un oiseau nouveau-né tombé du nid, nu et fragile. Il ne but pas beaucoup plus et s'assura que le verre restait presque plein, qu'il soit là s'il en avait besoin, que le fait de savoir que le verre était là le rassure, et qu'il ne reste pas seul avec la peur et la douleur, à périr sans même une dernière goutte de son sanctuaire.

Du fond de sa nuit sans fin, en proie aux fièvres et aux sueurs froides, Jabbo rampait, damné et privé de membres, dans un sous-bois humide et froid et dans la vase sombre. Il se débattait, terrorisé par son nouvel aspect, agitant ses bras et ses jambes invisibles et suffoquant dans l'agonie qui l'obligeait à faire appel à toutes ses forces, sa tension et sa puissance, afin de déplacer, de contraindre au mouvement des appendices absents, de plus en plus faibles et paralysés à mesure qu'il s'épuisait dans cet effort impotent, jusqu'à ce que force, tension et puissance ne soient plus là, pas même en lui, et que tout ce qui lui reste soit le cri silencieux de l'insupportable impuissance, de l'insupportable horreur, de l'insupportable peur ; et seuls les paroxysmes de cette horreur et de cette peur l'obligeaient à poursuivre sa progression dans le cocon asphyxiant de sa nouvelle et terrible forme, à progresser dans le sous-bois froid et humide, la vase sombre de l'éternité, une éternité à la fois infinie et limitée, qui avalait et étouffait tout. Chaque paroxysme l'entraînait vers l'avant, mais aussi vers le bas, de telle sorte que la gravité ajoutée à sa panique l'attirait de plus en plus loin dans cette vase qui l'aspirait vers d'autres créatures rampantes, plus formidables et indicibles et impensables et horribles que lui-même, rampant non sous l'effet des spasmes dus à l'impotence ou à la peur, mais mues par la lente et écrasante ondulation des créatures dans leur incalculable totalité.

L'explosion de sa tension artérielle et de son pouls l'éveilla, et il comprit qu'il était un serpent qui rêvait, comme rêvent les serpents. Il était froid comme le rocher couvert de mousse sur lequel il se trouvait. Il quitta l'ombre des grandes feuilles. Le soleil lui fit du bien. Il fit pénétrer l'air chaud dans ses poumons. Il n'y avait pas un bruit. Il se déplaçait sur l'herbe en silence, avec fluidité, se demandant où se trouvaient les sons de l'univers. Il pressentit qu'il était encore endormi sur des rochers froids dans l'ombre des grandes feuilles, trompé par les vibrations de la terre captées par les fines écailles de son ventre. Alors, dans le pré silencieux qui se trouvait devant lui, il tomba sur la mue de son espèce, fantomatique et immobile, fauve et pâle, fraîche encore des traces humides du corps étranger qui l'avait quitté. Lentement, il se glissa à l'intérieur et tendit le bout de sa langue fourchue pour goûter aux perles humides comme des larmes. Puis il sentit un bruit faible rompre le silence : la présence furtive, non loin de là, de la chose à qui la dépouille appartenait. Il ondula vers elle à travers la clairière, tout en réalisant que ses propres mouvements avaient cessé, et que la chose l'attendait. Le monde ne résonnait d'aucun autre son que le sien et celui de ce corps étranger. Puis il sentit sur lui les yeux noirs et émeraude de cette chose en attente, et son cœur se mit à vaciller, dissimulant les subtiles vibrations de la terre, et le cloaque de son sexe frémit sous lui contre le tapis humide des feuilles mortes. La chose étrangère leva la tête et ouvrit dans sa direction sa bouche délicate de la couleur des nuages. Soudain, son destin, leur destin, l'attrista. Son cœur se mit à ralentir et les vibrations terrestres résonnèrent à travers cette tristesse, la pénétrèrent, la rendirent plus profonde, faisant écho aux vagues de silencieuse tristesse du monde. Il souhaitait se réveiller de ce rêve, s'extraire de l'ombre pour se projeter dans la lumière du soleil, respirer l'air chaud et sentir les bruits de la vie luxuriante qui l'entourait et l'exaltation que produisait ce fourré de racines emmêlées contre ses écailles tandis qu'il se dirigeait vers l'eau, le ventre plein, pour boire et être débarrassé de ce rêve peuplé d'une étrange et soudaine tristesse, ce plaisir qui devenait effroi. Mais le sentiment de tristesse à l'égard de son destin était de plus en plus profond, car il lui semblait se souvenir qu'il n'était pas, qu'il soit éveillé ou non, né dans ce monde-là sous cette forme-là, désormais réfléchie dans ces yeux noirs et émeraude ; que ce qu'il était, cette conscience et ces organes palpitants dans cette enveloppe recroquevillée, avait été jadis contenu dans une autre chair, et précipité de cet état vers celui-ci, privé de grâce. Et c'était aussi le cas de la chose étrangère, avec sa bouche délicate de la couleur des nuages d'où montait à présent un gémissement, une lamentation sous la forme d'une note unique et aiguë qui provenait d'un endroit impensable, inconnu et effrayant, de l'intérieur. Et ce gémissement, cette note unique et aiguë, devint un cri ; elle lui tira, lui arracha, lui extirpa d'un endroit impensable, inconnu et effrayant, un cri qui lui était propre, qui résonna en lui, une secousse violente qui le remua de fond en comble ; et leurs cris se fondirent en un seul, cri strident et assourdissant qui dans son tourbillon transforma le monde en un cri – cette colline où ils se trouvaient, ces arbres autour, la vallée, la ville en dessous –, et ce cri les transporta au loin, dans une tempête hurlante de noirceur ; et il ne pouvait pas se réveiller, s'extraire de l'ombre des grandes feuilles, se dégager de l'éternité ou de son propre poids mort ; il ne pouvait tout simplement pas se réveiller.

L'explosion de sa tension artérielle et de son pouls le réveilla en sursaut, et il constata qu'il avait déjà bu le reste du whisky. Il n'avait plus rien, pas de comprimés, plus rien. Il se maudit et maudit le reste du monde. Son corps tremblait et il était trop faible pour tenir debout. Il s'effondra à nouveau sur le lit, gémissant non pas comme quelqu'un qui souffrait de cette douleur qu'il ressentait pourtant, mais comme un condamné aux prises avec ses démons. Il se sentit incapable de respirer, convaincu qu'il allait mourir, les heures s'égrenant en d'interminables moments d'agonie et de terreur. Ouverts ou fermés, ses yeux voyaient la même chose : l'horreur mouvante des morts qui lui faisaient signe, la *danse macabre* d'un esprit déchiré par les becs croassant et les serres d'avions menaçants. Il ne voulait pas mourir aussi loin de chez lui. Mais où était-ce, chez lui ?

Il essaya de transformer en berceuse les gémissements que lui tiraient cette douleur et cette peur : un cri déchirant d'homme blessé, plus un chant funèbre qu'une chanson pour enfants, la plainte d'un enfant privé de mère devant le fils mourant qu'il était. Non, il n'allait pas mourir, se dit-il. Ce ne serait pas comme les autres fois, quand son corps et son esprit étaient tombés en morceaux. Il n'en était pas là. Il n'allait pas avoir d'attaque, il n'allait pas mourir. Il n'avait pas bu tant que ça, ni si longtemps. Cela faisait une semaine à peine et quelques jours seulement qu'il ne mangeait plus. Cependant, sans comprimés, on ne pouvait pas savoir. En cas d'attaque, les comprimés vous sauvaient. Bien entendu, même avec, on pouvait mourir. Il avait vu des hommes mourir sous Ativan ou Dilantin. Ils faisaient une overdose devant les infirmières et ils mouraient.

On ne pouvait pas savoir. La dope, c'était une chose, et l'alcool, une autre. S'en débarrasser, c'était pas évident, mais au moins ça ne vous tuait pas. Seule la privation d'alcool pouvait vous faire ça, seule la privation d'alcool pouvait tuer. Mais lui n'allait pas mourir. Comprimés ou pas, il n'allait pas mourir. C'était l'horreur, voilà tout. L'horreur, c'est tout ce qui lui restait. Tant qu'il savait cela, ça irait. Son corps répondait encore. C'est juste qu'il avait peur. Rien ne pouvait le tuer, Jabbo. Rien. Ça finirait par s'arranger.

Ses mains s'engourdirent, ses pieds et ses jambes, pris de convulsions, furent traversés de crampes douloureuses qui le clouaient sur place, et il ne pouvait plus respirer. Le battement irrégulier de son cœur le rendit hystérique. Chaque dilatation, chaque contraction résonnait comme la dernière : de manière terrible, la pause de chaque phrasé dans sa poitrine semblait moins une accalmie qu'une fin, la mort elle-même, et c'était si terrifiant qu'il suffoquait de panique dans l'attente du battement suivant, qui à son tour semblait provoquer une explosion thrombotique puis une occlusion ; et ainsi de suite, de pire en pire, comme si sa poitrine se resserrait et que ses poumons s'affaissaient sous la pression de ce resserrement ; plus il essayait, avec acharnement et frénésie, de respirer, et plus l'air se raréfiait, les vaisseaux de son cerveau semblant sur le point d'exploser tant son mal de tête était aveuglant ; et il restait là, allongé, s'étranglant et suffoquant, comme frappé d'apoplexie, incapable de remuer ses jambes paralysées et atrocement douloureuses, sentant la paralysie gagner son visage, son corps tremblant, sa langue gonflée et agitée de convulsions tel un lézard cherchant à bondir dans le fond de sa gorge ; et il se vit sur le lit dans cette chambre, son corps raidi par la mort, ou estropié, bavant et prononçant des paroles indistinctes dans une chaise roulante, son esprit divaguant, ou pire : il avait encore toute sa tête et le mauvais sang de tout ce qui se trouvait en lui macérait, triste et sauvage derrière des yeux qui ne pouvaient plus bouger, sur ce visage qui ne pouvait plus s'exprimer et ce corps qui ne pouvait plus remuer, ou bien couché là, ses jambes sans vie qu'on étirait, jour après jour, en salle de thérapie dans le quartier d'une prison – le bout de la route ; ça le rendait fou cette idée, et ça le rendait dingue cette peine qu'elle provoquait en lui, d'en être arrivé là, à cette mort, ou à cette chaise, ou à ce quartier de prison, d'en être arrivé jusque-là, à cette crise cardiaque, à cette attaque qu'il s'infligeait à cause d'une bouteille de trop ; et il se maudit et pleura sur lui-même, il gémit comme le serpent dans ce rêve – à moins que ce ne fût pas un rêve ; et du fond de ce puits de douleur, il implora Dieu pour qu'il l'épargne, comme il l'avait déjà imploré tant de fois, pour ensuite lui cracher au visage dès qu'il avait été sauvé, sauf que cette fois, Dieu, s'il vous plaît, ce serait différent, s'il vous plaît, cette fois ce ne serait pas pareil. *Notre Père qui êtes aux cieux.* Il voulait sucer le sein de cette statue. Non, il ne devait pas penser à cela. *Que votre nom soit sanctifié.* Ce n'était pas lui qui pensait à cela. Non, cela venait d'ailleurs. Dieu comprendrait. Même le Christ avait été tenté ; même le Christ avait de mauvaises pensées. Dieu comprenait cela. Cette fois où il avait baptisé le gosse de Rosario. *Rinunziate a satana ?* lui avait demandé le prêtre. *Rinunzio,* avait répondu Jabbo. Et cette statue, elle était toujours là. Il avait renoncé à Satan, mais tout ce qu'il voyait, c'était cette statue qu'il regardait à présent comme il l'avait regardée étant gosse, en pensant à tous les seins qu'il avait sucés depuis, car tout avait commencé avec cette statue.

Son battement de cœur, telle l'implacable colère de Dieu, lui coupa le souffle et le plongea encore une fois dans la peur. *Que votre règne arrive.* Qu'est-ce qu'on disait après ? Votre pain de ce jour. Mon pain de ce jour, notre pain de ce jour. Non : que votre volonté. *Que votre volonté soit faite sur la Terre comme au Ciel.* On ne voyait pas le téton, c'était juste des seins en plâtre sous des plis de vêtements en plâtre. Mais l'expression de son visage. Cette expression sur son visage. Du plâtre froid, de la peinture bleue. Il sentirait le froid sur sa bouche, comme au toucher, ou contre son front, l'eau bénite des fonts baptismaux en marbre. *Donnez-nous le pain de ce jour,* voilà, c'était ça, *et pardonnez-nous nos offenses, comme nous pardonnons à ceux qui nous ont offensés.* S'il pouvait sucer des seins, tout irait bien, il ne mourrait pas. Ça le calmerait, et tout se passerait bien. Ça devait être la volonté de Dieu s'il pensait ainsi. C'était une bonne pensée. Ou alors Dieu était peut-être le diable. Dieu était peut-être Satan. Dieu ne viendrait peut-être pas pour Jabbo, seul Satan viendrait. Et peut-être que Dieu n'existait pas. Il n'avait jamais vraiment cru en lui de toute façon. Il pouvait bien penser ça, parce que c'était vrai, et que Dieu ne pouvait pas supporter les menteurs. Cette gonzesse en bas, elle en avait de beaux. Il les sucerait, et elle lui caresserait la tête et lui murmurerait des mots doux ; elle l'aimerait et tout irait bien. Cette pauvre idée aurait aisément pu être sa dernière pensée avant de mourir, un ultime remords, un pincement au cœur, perdu, anéanti, si bien qu'il renouvela ses prières et sa supplique à Dieu – sans croire aux prières, ni à Dieu, mais priant, et suppliant malgré tout, ses prières et sa supplique plus désespérées à mesure que le temps passait ; et dans sa prostration il tendit la main, cherchant sauvagement à s'emparer de ce qui se trouvait au-delà du Dieu connu de lui, cherchant, dans ses conjurations aveugles, le salut auprès de dieux sans nom. Les mains tremblantes il alluma une cigarette et la fuma, allongé, sentant la fumée pénétrer au plus profond de ses poumons, les remplir et les gonfler comme l'air nocturne n'était pas parvenu à le faire, et il attendit, la mort, ou au contraire une étincelle de miséricorde qui le toucherait enfin ; alors les spasmes qui parcouraient ses pieds et ses membres paralysés s'apaisèrent, et son cœur aussi, ainsi que la douleur dans son cerveau, et il sut que tout irait bien. Et quand cette cigarette-là fut terminée, il en alluma une autre, et il remercia Dieu ; toujours allongé, il la fuma en pensant à ces attaques qui vous tombaient dessus et vous prenaient au dépourvu alors que vous pensiez justement que le danger était passé, des heures, des journées mêmes après ce dernier verre, des heures et des jours entiers après avoir commencé à mieux vous sentir ; il pensa à cela tout en essayant de ne pas y penser, de rester là, couché, à fumer et à souffrir, et d'être reconnaissant envers Dieu. Il pensa à cette fois où il avait failli mourir, perdu dans un delirium tremens cauchemardesque, couché dans son propre sang, incapable de tenir debout et à peine capable de ramper ; et si cette gonzesse en bas dans l'entrée, cette gonzesse à moitié nègre avec qui il avait essayé de baiser n'avait pas vu la porte entrouverte et n'était pas entrée, si elle ne l'avait pas fait admettre à Saint-Vincent, il serait mort ; et de fait, il avait failli mourir là-bas, à Saint-Vincent. Cette gonzesse, il lui devait la vie, même s'il l'avait maudite quand il avait reçu la note. Cette fois-là il avait vécu l'enfer, perdu dans un cauchemar plus vrai que nature. Mais il n'y aurait pas de delirium tremens cette fois-ci, ce n'était pas aussi terrible. Ou alors, peut-être qu'il se trouvait déjà à présent au-delà du delirium ; peut-être que les ténèbres dans lesquelles il s'était enfoncé après être sorti de l'enfer de son propre délire avaient laissé dans son esprit comme un tissu cicatriciel qui le rendait insensible aux autres cauchemars, insensible à la douleur, tout en entretenant l'atroce souvenir de ce qui l'avait placé là.

Par l'unique fenêtre à pignons les rougeurs de l'aube firent leur apparition, adoucies par le chant des oiseaux dans les arbres, des gazouillis pleins de douceur et de délicatesse qui sonnaient comme des gouttelettes de rosée musicale. Aux yeux de Jabbo, la légère illumination provenant de la lumière lointaine et les fragments de chansons qui s'y logeaient étaient aussi doux que la dope, et il restait là, allongé, tandis que la magie de cette dope, la dope de Dieu en personne, l'envahissait, le poussait, le caressait et lui pardonnait. Ses paupières s'alourdirent, il s'endormit, et il ne mourut pas.

La lumière vint et s'en fut, et il resta dans cette chambre pendant presque deux jours. La première fois que la femme frappa à sa porte, il lui dit de le laisser tranquille. Il pensa lui demander des comprimés. Les gonzesses en avaient toujours, des comprimés. Valium, Librium, ce genre de trucs. Mais il n'en fit rien ; il lui dit seulement de le laisser tranquille. Quand ce soir-là elle frappa à nouveau à sa porte, il accepta le plat de poulet frit, purée de pomme de terre et petits pois qu'elle lui offrit. Son estomac ne digérerait pas la nourriture et il n'en voulait pas. La cigarette et l'eau lui suffisaient, mais il accepta malgré tout. La première bouchée produisit des sucs amers dans sa bouche, des douleurs dans sa gorge lorsqu'il déglutit et une nausée dans ses entrailles. Mais elle descendit jusqu'en bas, et elle y resta. Et le café, encore chaud quand il le but, avait bon goût et lui fit du bien à l'intérieur. Quand la femme revint chercher le plateau, il espéra qu'elle resterait. Son esprit n'était toujours pas en état et son corps malade et fatigué lui donnait l'impression d'être un enfant alité ; et il pensait que, d'une manière ou d'une autre, elle resterait. Au mieux pour lui sucer la bite, au pire pour le réconforter, comme une mère, une religieuse ou une âme esseulée attirée par une autre. Mais elle n'entreprit rien d'autre que de lui demander s'il se sentait mieux et s'il comptait rester. Elle ne s'assit même pas. Elle se tint pendant un moment au pied du lit, le regardant à peine, et lui demanda s'il voulait encore du café ; et il répondit que oui. Quand elle sortit, il pensa comment, si sa bite fonctionnait encore, il pourrait la caresser et provoquer une bonne érection bien dure alors qu'elle se trouvait en bas pour lui faire du café, et quand elle remonterait, elle la remarquerait, bien longue et dressée sous les draps, et il resterait couché là, paupières closes, en donnant l'impression d'être moins conscient qu'il ne l'était vraiment, faisant semblant de ne pas se rendre compte de l'existence de cette bite dressée comme un piquet de tente sous les draps, faisant mine de ne pas constater qu'elle la regardait ; et alors, peut-être, elle serait différente, elle dirait quelque chose, une taquinerie, mais une taquinerie cochonne, et il lui répondrait par quelques mots geignards et pitoyables, mais excitants aussi et séduisants ; ou alors ils ne prononceraient pas un mot, et peut-être que sa main avancerait en silence, qu'elle se poserait dessus pour la caresser à travers les draps ; et puis cette main se fraierait un chemin sous les draps, et il la sentirait, à la fois douce, bonne et froide sur son manche dur et chaud, et quand tout cela aurait refroidi pour atteindre la température de sa main, mais durci plus encore, elle se serait baissée pour plonger l'objet froid dans la chaleur humide de sa bouche et elle en aurait serré le bas, fermement dans ses doigts qu'elle aurait fait glisser vers le haut puis vers le bas, de haut en bas en le suçant jusqu'à ce qu'il explose dans sa bouche pendant qu'elle le suçait et le serrait avec plus de force encore et que sa main se déplaçait plus vite encore ; et alors elle le relâcherait, gentiment, comme ferait une mère ou une religieuse, ou une âme esseulée attirée par une autre, et elle s'en barbouillerait le visage, l'embrasserait, le lécherait jusqu'à ce qu'il n'en reste plus. Et à cette pensée, sa bite frémit un peu, en effet ; il s'en empara sous les draps, ferma les yeux et pensa à tout cela, suppliant Dieu à nouveau, non de l'épargner, mais de gonfler son membre de sang, et qui sait, cela aurait pu se produire, mais elle remontait déjà, il pouvait l'entendre dans les escaliers, et quoi qu'il se soit passé sous les draps, cela se rétrécit alors dans sa main, et ce fut tout. Alors il se leva, encore mal assuré, s'assit près de l'unique fenêtre à pignons, et pendant un moment se perdit dans le silence des étoiles et dans le ciel nocturne et parfumé. Il s'en grilla une et jura en buvant son café.

De l'autre côté des bois, la femme du croque-mort vint se poster à la fenêtre avec sa tasse de thé et scruta l'obscurité créée par le grand chêne rouge parmi les autres ombres, là où la forêt commençait, cette obscurité et ces ombres qui formaient l'unique vue depuis cette maison qu'elle n'avait jamais aimée, cette unique vue qui lui permettait d'oublier, ou du moins d'ignorer qu'elle vivait dans une maison dont l'industrie était la mort ; et elle se fit la réflexion que si elle s'adressait au bon docteur, il saurait peut-être l'aider.

Au-dessus de la silhouette noire et frémissante des arbres, une lune pascale décroissante se levait dans un soupir venu de l'Est.

Eos, Eostre, Easter – Pâques. Œstrum, œstral, œstrogène.

La chaleur du thé dans son ventre lui rappela l'étrange

rêve qu'elle avait fait la nuit d'avant. Dans ce rêve, elle n'était pas morte, mais elle se réveillait allongée dans un champ, sous les nuages. Dans l'outre de son ventre, quelque chose se faufilait. Postée à cette fenêtre avec son thé, elle se souvenait à présent de ce conte qui l'avait tant effrayée dans sa jeunesse et qu'elle avait oublié avec les années, comme le rêve de la nuit d'avant s'était effacé avec le passage du temps. Dans ce conte, une jeune fille s'était endormie au soleil au bord de l'étang, un après-midi d'été. Pendant son sommeil, un serpent d'eau nouveau-né échappé d'une couvée était entré en elle. Et à présent, près de la fenêtre avec son thé, elle songeait que ce conte qui remontait à son enfance s'était insinué en elle pendant son sommeil comme le serpent du conte s'était introduit dans la jeune fille. Elle essaya, mais sans y parvenir, de se souvenir de la fin du conte. Et elle essaya, mais sans y parvenir, de se souvenir de la fin du rêve.

Elle ne parvenait pas non plus, en fixant la pénombre, à se souvenir du nom des neuf paradis ; mais du premier seulement, le plus bas, le paradis de la lune, et du huitième, le paradis des étoiles fixes, lieu de naissance et dernière demeure des âmes ; mais pas de ce qui se trouvait entre ou au-delà. Mais là, devant elle, dans le scintillement, le miroitement des âmes de ce huitième paradis, se trouvaient les contes oubliés non de sa seule jeunesse, mais de la jeunesse de l'humanité tout entière, les vibrations et les ondulations exquises et effroyables qui se produisaient dans les entrailles des jeunes filles des rêves anciens et sans âge.

Gros ours, petit ours. L'ours femelle et son ourson, celle qu'on chassait et qu'on venait tuer.

Son regard se déplaça parmi les sept étoiles de la Grande Ourse et les sept étoiles de la Petite Ourse : des diamants d'une blancheur bleutée posés sur le ciel noir. Stella Maris, l'Étoile polaire, l'Étoile de la mer, était la plus brillante de toutes. Il y avait de cela longtemps, son papa avait guidé ses grands yeux vers cette étoile. Il y avait de cela longtemps, en lui chuchotant un poème, il lui avait appris à faire un vœu sous cette étoile. Mais où était la sienne ? Se trouvait-elle juste là, devant elle, seule, éclatante et jetant ses rayons sur elle, ou perdue, invisible, braise d'hydrogène perdue parmi la myriade de quelque amas inconnu et tourbillonnant dans la noirceur de l'infini ? Chaque étoile une âme, c'était ce que disait Platon. À chaque âme son étoile, prédestinée et assignée à partir de ce brouet d'âmes qu'était l'univers, par Lui, le créateur des dieux et de toutes choses. Et en harnachant chaque âme à son étoile comme à un chariot, Il révélait et instillait en chacune la nature de l'univers et les lois de leur destinée. Et tous ceux qui, après leur incarnation, vivaient vertueusement pendant le temps qui leur était imparti, dans la maîtrise de leurs passions et de leurs craintes, retourneraient auprès de l'étoile où ils étaient nés pour s'y fixer dans la plus parfaite béatitude. Et ceux qui échouaient seraient changés en femme lors de leur seconde naissance. Et si cette âme ne parvenait toujours pas à s'affranchir du mal, sa carapace mortelle serait réduite à celle d'un animal semblable aux méfaits dont elle s'était rendue coupable.

Et peut-être que Platon n'était pas si fou. Peut-être qu'il avait raison et que c'était la raison pour laquelle il y avait plus de femmes que d'hommes, et plus de créatures inférieures que d'hommes et de femmes réunis. Toutes ces étoiles froides et vides, toutes ces âmes errantes et sans domicile. Certaines étoiles semblaient rayonner plus intensément que d'autres, quelles que soient leur distance ou leur taille.

Distraite et légère, sa main s'attarda entre ses seins, effleurant le pli à la croisée de sa robe, comme si elle caressait les perles imaginaires d'un collier, perdue non dans ses pensées, mais dans les couleurs de cette pensée.

Mais de quelle couleur était la peur, de quelle couleur était la tristesse ? Quelle était la couleur de la haine, celle de l'amour ? L'âme avait trois parties, mais beaucoup plus de couleurs. Oui, trois parties. Tout le monde se souvenait de la Gaule, mais Helen se souvenait de l'âme. L'âme se divisait en trois parties. Dans la chape du crâne se trouvait la raison. Entre le diaphragme et le cou se trouvaient les émotions ; dans le ventre, les désirs, les faims et les envies.

Par-delà les étoiles le ciel était noir : la somme de toutes les couleurs, et l'absence de toute couleur dans un monde sans lumière.

Légèrement, sa main décrivit un arc sur son ventre pour venir se poser sur son flanc droit : le foie, siège de la peur et de la sérénité, l'organe de la divination et des rêves de l'âme, la source du pouvoir de prophétie, qui n'advenait que lorsque la raison était battue, dans le sommeil ou la folie que provoquait la maladie.

Et la sienne, où se trouvait-elle, son étoile originelle, celle qui avait nourri son âme et vers laquelle elle retournerait ? Et quel était le mal qui l'avait fait revenir avec un utérus à l'intérieur pour qu'elle souffre à nouveau ?

Un moment, ce fut comme si l'immobilité des étoiles l'avait pénétrée. Puis les escaliers craquèrent sous le pas de son mari qui les gravissait lourdement, vidant le ciel nocturne de ses présages.

Notes

1. Texte extrait de l'Évangile selon Thomas, Codex II, Tractate 2, in *Les Évangiles secrets*.

2. Le Meurtrier et le papillon.

3. *Très redoutable et redouté.*

4. Artémidore d'Éphèse (IIᵉ siècle av. J.-C.) a écrit un ouvrage intitulé *Onirocriticon* sur la science des rêves et leur interprétation (publié en langue française sous le titre *La Clé des songes*). Ce livre a notamment été lu par Freud et a fait l'objet d'une analyse par Michel Foucault dans le premier chapitre («Rêver ses plaisirs») du troisième volume de son *Histoire de la sexualité.*

5. *Croupe sainte / Cuisse sacrée / Bienheureux jarret.*

6. *Écarter les jambes.*

7. Acteur américain (1919-2003) devenu célèbre pour son interprétation d'Eliot Ness dans la série télévisée *The Untouchables* (*Les Incorruptibles*).

8. Série télévisée dont Robert Stack présenta un épisode qui relatait l'histoire du véritable Eliot Ness essayant de résoudre l'énigme de plusieurs meurtres commis à Cleveland.

9. Francesco Raffaele Nitto, dit Frank "The Enforcer" Nitti (1888-1943), était un gangster notoire dans l'Amérique de la Prohibition. Ancien lieutenant d'Al Capone devenu son rival, puis patron de la mafia de Chicago, il s'est suicidé le long d'une voie ferrée après avoir beaucoup bu.

10. Société de production américaine créée par Lucille Ball et Desi Arnaz, qui a produit la série *Les Incorruptibles.*

11. Ange rebelle et déchu, démon du désert dans la Bible.

12. Poète et critique anglais (1822-1888).

13. *Brise sacrée dans l'océan du cœur.*

Le texte *Jeunesse* et les poèmes *Ce que le Copte disait*, *Rimbaud en Afrique*, *Ma manière d'aimer*, *Ptolémée II*, *L'Uccisore e la Farfalla*, *Que les dieux sans nom me rachètent*, *Contrapasso*, *Une cigarette avec Dieu*, *Tiré du livre des songes d'Artémidore*, *Érèbe* et *Soupir*, ont été traduits par Julia Dorner.

À l'hôpital {Nature/morte}, *L'humide et le sec*, *Moi, un couteau pointé vers la gorge de Cybèle*, *Faraglione 16/9/96*, *Invocation*, *Dante à Ravenne*, *Imperium*, *Hymne à Péon, médecin des dieux*, *Érinys*, *Si j'étais Robert Stack*, et le récit *Scratch* par David Boratav.

Les éditions *vagabonde* et les traducteurs remercient Danièle Robert pour la traduction du poème *Le lutrin à Hélicarnasse* et l'aide inestimable qu'elle a apportée à la traduction et l'élaboration de ce livre, et pour ses suggestions éditoriales.

Achevé d'imprimer
par l'Imprimerie Floch
à Mayenne
en décembre 2007
pour le compte
des éditions vagabonde
52, rue Curiol – 13001 Marseille

N° d'impression : 70103
Dépôt légal : février 2008
ISBN : 978-2-9519063-5-8

Imprimé en France